강릉오란다

| 장성철 지음 |

쿰란출판사

강릉오란다

프롤로그

얼마 전 종합검진을 했다. 몸에 아무런 이상이 느껴지지 않았는데, 검사 결과 응급수술을 해야 한다는 통보를 받았다. 물론 건강검진을 위해 금식을 했기 때문에 몸이 처지고 기운이 없었던 것은 사실이다. 그러나 응급수술을 받아야 할 만큼 몸에서 이상 증후나 통증을 느끼지는 못했다.

"소장이 썩고 있어요. 배꼽 주위에 있는 혈관이 다 막혔다구요. 이건 응급수술을 해야 하는 정도예요."

응급상황으로 여겨질 만큼 극한의 통증도 없고, 오히려 배가 더 고팠다. 자연치유를 20년 넘게 공부했기에 최소한 내 몸에 대해서는 기본적으로 잘 알고 있다고 여겼다. 수술하라는 의사의 요구에 곧바로 대답을 하지 않았다. 장의 혈관이 막혀서 기능이 문제가 된다면 아무래도 배가 심하게 아프거나 토하는 등의 증상이 있을 텐데 그렇지 않았다. 응급환자로 분류되어 응급실에 누워있기 때문에 곧바로 퇴원할 수도 없다고 한다.

  배를 가르는 수술은 어찌됐든 하지 않는 것이 좋다. 큰 문제가 없다면 수술하지 않는 몸으로 살아가는 것이 옳다고 믿는다. 수술을 거부한 채 3일간 응급실에서 수액을 맞았다. 경과를 지켜보자고 했지만 시간이 지날수록 멀쩡했다. 밥도 잘 먹고, 빵도 잘 먹고, 커피도 잘 마셨다.

  병원의 진단을 신뢰할 수 없었다. 다시 CT촬영을 하자고 했고 아무런 이상이 없었음이 밝혀졌다. 퇴원 후 일주일 뒤 병원에 찾아갔지만 역시 특별한 징

후를 발견하지 못했다. 만약에 아무런 거부 없이 병원에서 하자는 대로 응급수술을 감행했더라면 어떻게 되었을까? 만에 하나 잘못되어 죽을 수도 있었을 것이다.

　죽음은 어느 누구에게나 닥칠 일이다. 삶에서 일어나는 일은 하나하나 서로 맞물려 있다. 인생은 우연이 없다. 일어나야만 하는 일이기에 일어나는 것이다. 고난을 통해 경험하고 예상치 못한 일을 통해 하나님의 임재하심을 믿게 된다. 오늘 최선을 다해 살지만 항상 죽음을 맞이할 준비도 해야 한다. 갑작스럽게 영정사진을 찍어야겠다는 생각이 들었다. 인생의 시작도 중요하지만 끝맺음과 마무리도 중요하다. 유언장에 남길 내용을 생각하며 영정사진을 찍었다. 그리고 주문진 연곡에 있는 집 거실 가운데 걸어놓았다. 나 자신의 영정사진을 매일 마주하면서 하루하루 내게 주어진 힘을 다 쓰겠다고 마음먹는다. 생명이 존재하는 한 살아갈 이유가 있다. 평균수명이 90세, 100세라고 하지만 나 스스로 75세 정도까지 살면 좋겠다. 사실 지금 죽는다 해도 여한은 없다.

코로나로 인해 온 세상이 고통받고 있지만 삶의 희망은 항상 존재한다. 강릉에서 한과 사업을 이어가면서 어떻게 하면 세상에 빛과 소금이 될까를 항상 고민했다. 강릉 사천면에 만들어놓은 '꿈의 교회, 길가의 예배당'이라고 이름 지은 작은 쉼터는 소망을 담은 공간이다. 조만간 '꿈의교회, 길가의 예배당'

에서 강릉 오란다와 현미과자를 나누어 주려고 한다. 시원한 바람이 불어올 때쯤 코로나가 조금 잠잠해지면 좋겠다.

지금까지 살아온 삶에서 다양한 직함을 갖고 일해 왔다. 연구원, 사업가, 교수, 목사 등. 사실 지금도 모두 하고 있는 일들이다. 대단한 위치에 오르기도 했고, 모든 일을 내 뜻대로 만들어가면서 큰 돈을 벌기도 했다. 그럼에도 불구하고 지금의 내 삶이 가장 행복하고 만족스럽다. 시장에서 장사하면서 전국 각지의 사람들을 만나고, 건강하고 맛있는 과자를 만들어 파는 것이 선행이고 전도라 생각한다.

바람이 있다면 경제적으로 힘든 미자립교회를 돕고, 생계의 고통을 받는 목사들이 잘 살아갈 수 있도록 돕고 싶다. 한과 기술을 배워서 상생할 수 있도록 말이다. 한과 기술은 그 자체로 평생 먹고 살 수 있는 좋은 기술이 된다. 고기를 잡아 주는 것이 아니라 고기 잡는 방법을 알려주는 일이다. 창조적이고 상상력을 품는 목회를 하는 목사들이 늘어나길 바란다.

그뿐만 아니라 직장을 얻지 못하는 청년이나 은퇴한 노년기에 계신 분들이 한과 사업을 통해 새 인생을 살도록 돕고 싶다. 나아가서는 지역경제 활성화에도 도움되는 일이다. 전통의 것을 알리는 가치 있는 일을 하면서 사람들에게 건강한 먹거리를 제공하는 일이기에 그 자체로 자부심을 가져도 좋다.

우리 집안은 할머니 대부터 아들에 이르기까지

4대째 전통한과 기술이 전수되고 있다. 세상이 빠르게 발전하고 변화하지만 돌고 돌아 지금의 자리가 내 삶이 되었다. 고향에서 한과를 만드시던 어머니, 할머니의 삶이 나에게로 이어졌다는 것이 신기하고 놀랍다. 방황하고 헤매며 수많은 경험을 하다가 결국에는 내가 있어야 할 곳을 찾게 되었다. 어린 시절 보고, 듣고, 경험한 세계는 소중한 자산이 된다. 그것이 바로 무형의 유산이다.

요즘에는 다도를 배우고 있다. 강릉 오란다 사업이 안정화되면서 새로운 사업도 구상 중이다. 전통차와 한과를 함께 제공하는 카페를 만들고 싶다. 스타벅스처럼 드라이브 쓰루 형태의 한과 카페도 신선할 것 같다. 강릉대학교와 MOU를 맺고 지역의 상품성 있는 먹거리로 만들 계획이다. 머릿속에는 새로운 아이디어가 계속 떠오른다. 실현 가능한 꿈만 꾸지 않는다. 불가능해 보이는 터무니없는 꿈을 꾸고, 끊임없이 설레는 일을 만들어간다.

오래전 전자제품 공장을 하면서 제품을 생산하고, 수출을 하고, 돈을 많이 벌었었다. 직원도 340명이 넘었다. 부자가 되었으니 성공한 인생이라 자만했다. 언제까지 나만의 성을 하늘에 쌓아 올릴 수 있을 거라고 믿었다. 하지만 의도하지 않은 일들이 인생에서 벌어졌고, 회사는 한순간에 무너졌다. 그 이후 삶의 기준이 바뀌었다. 어떤 일을 선택하든지 간에 사람을 이롭게 하는지 해가 되는지를 살폈다. 생명을 살리는 일이라면 무조건 달려들었다. 돈보다는 사람, 미움이 아닌 사랑을 선택했다.

강릉 오란다! 맛 좋고 건강한 간식거리 한과와 오란다는 다른 어떤 곳과 비교할 수 없는 맛과 품질을 갖고 있다. 발효진액을 첨가한 작은 비법은 누구도 흉내낼 수 없기 때문이다. 암 환자도 안심하고 먹을 수 있는 건강한 간식을 만들고 싶은 바람을 담았다.

이 책은 절대 성공 비법이나 노하우를 이야기하지 않는다. 여전히 꿈을 이뤄가는 현재 진행 중인 이야기다. 코로나 시대에 필요한 것은 정신과 신체의 면역력이다. 그 힘을 키우기 위해 제대로 먹어야 한다. 이 책을 읽고 강릉 시장을 찾아오는 사람들이 있다면 얼마든지 마음껏 과자를 나눠줄 것이다. 한과로 맺어진 인연은 어디서든 또 만나게 될 테니까.

  글을 쓰다 보니 고마운 사람들이 떠오른다. 전통 의학과 민간요법의 자연치유가 생명을 살리는 길임을 알려주신 장두석 선생님은 가장 고마운 분이다. 몸과 마음과 영혼을 건강하게 하는 법을 가르쳐 주신 귀한 스승님이다. 한민족생활문화연구회 이선재 이사장, 발효식품연구가인 이기철 장로, 심곡항에서 만난 김태식 목사님과 이명숙 사모님께도 감사한 마음을 전한다.

2021년 10월

장성철

목차

머리말 _ 4

제1부 한과에서 희망을 찾다

- 강릉 심곡항의 명소로 시작된 예닮곳간 … 23
- 세 평 가게에서 시작하다 … 27
- 덤까지 듬뿍, 마음이 오가는 곳 … 32
- 20대를 사로잡은 한과 열풍 … 37
- 한과에 사랑을 싣고 … 43
- 세상은 서서히 발효의 시대로 옮겨가고 있다 … 48
- 강의 하류는 바로 소비자 … 54

제2부 위대한 장사의 발견

- 천 원도 소중히 … 61
- 장사의 비법? 나누는 것밖에 없지 … 65
- 기(氣)를 좋게 하는 장사법 … 70
- 어디서 오셨어요? … 74
- 먹기 위해 일할까, 일하기 위해 먹을까 … 79
- 운이 열리는 곳에서 힘이 솟는다 … 83

제3부 놀이하듯 일하고 일하듯 놀기

- 공군사관학교 가려고 … 91
- 밥은 한울님 … 95
- 발효식품과 장독대 … 100
- 콩나물국 한 그릇으로 이어진 인연 … 107
- 나누기 위해 법니다 … 112
- 멈추어야 할 때를 아는 것 … 117
- 오후 5시면 퇴근시간 … 122

제4부 오늘부터 장사는 이렇게

- 손님도 사람이기에 … 129
- 설명하지 말고 대화하기 … 134
- 인성 교육으로 한과 프로그램 어때? … 139
- "요즘 유행하는 디저트가 뭔가요?" … 143
- 먼 길을 돌아서 지금 이곳에 … 147
- 노동은 영감의 원천 … 153
- 전화번호도 홈페이지도 없는 매장 … 159
- 연습도 없이 시작된 일들 … 164
- 망하지 않는 사업 153가맹점의 꿈 … 173
- 어떤 공부도 쓰임이 있다 … 179

제5부 나만의 길을 만들기

- 비법을 공개합니다 … 187

  〈비법1 발아현미〉, 〈비법2 발효진액〉, 〈비법3 죽염〉 … 188

- 숨을 잘 쉬어야 한다 … 195

- 책 속에는 답이 없다 … 199

에필로그

바른 먹거리 현미한과로 진정한 나눔을 _ 204

심곡항 바다는 내게 특별합니다. 건강한 삶을 응원하는 꿈의 빛…
강릉에 오길 잘했습니다.

1장

한과에서 희망을 찾다

강릉 심곡항의 명소로 시작된 예닮곳간

처음 '예닮곳간'이 문을 연 곳은 강릉의 심곡항이다. 정동진역에서 심곡항까지 3km에 달하는 아름다운 바다산책로가 펼쳐져 있다. 아마도 우리나라에서 가장 아름다운 길이 아닐까 생각된다. 천하의 절경을 품고 있는 바다부채길로 더 유명하다. 몇 년 전까지 군부대 해안 경비로였기에 출입이 막혀 있던 곳이다. 최근에서야 일반인에게 개방되었다. 바다를 옆에 두고 걷는 해안 절벽길, 날것 그대로 바다의 광활함과 시원함, 파도 소리가 오감을 일깨운다. 천연기념물 437호인 해안단구가 있는 곳이기도 하다.

과거 심곡항은 6·25 전쟁 당시에도 마을 사람들이 전쟁이 일어난 줄 몰랐다고 한다. 그 정도로 오지였다. 한적한 어촌마을에 30여 가구가 옹기종기 살고 있고, 주민 대부분은 물고기를 잡는다. 임금님에게 진상하는 자연산 돌김, 미역이 유명하다.

바다부채길이 시작되는 심곡항에 자리 잡게 된 '예닮곳간'은 두 달 만에 명소가 되었다. 관광객들이 바다부채길을 걸으면서 맛있게 먹을 수 있는 현미한과의 존재를 금방 소문냈다. 만들자마자 금방 팔리고 동이 났다. 남녀노소 모두 한번 맛본 현미한과와 오란다 과자는 또다시 재구매가 일어났다.

직원이 한 명밖에 없었지만 그날 만든 것은 모두

완판되었다. 심곡항에서 장사가 계속 잘될 줄 알았다. 최고 매출 555만 원을 찍은 날도 있었다. 정신없이 바쁘게 일했고, 주머니에 돈은 셀 틈이 없이 불어났다. 이렇게 계속 장사가 잘된다면 빌딩을 사는 것은 시간문제다 싶었다. 하지만 인생은 잘나갈 때 겸손하고, 성공의 자리에 있을 때 교만하면 안 된다.

 예닮곳간 건물주는 장사가 잘 되는 것을 보고 6개월 만에 내쫓았다. 건물주의 횡포는 영업방해로 이어지면서 분쟁이 시작되었다. 밤에 난동을 부려 놓고, 인근 주민들을 부추기는 등 악질적인 행동을 보였다. 간혹 욕심이 많은 건물주들은 새로운 임차인에게 더 큰 권리금을 받고 넘기며 돈을 벌려고 한다. 장사가 잘되고 관광객들도 늘어나면서 상권이 좋다고 판단되면 높은 금액에 권리금도 챙기고 임대료도 높여 받을 수 있기 때문이다. 요즘에는 임대인을 상대로 민사소송을 제기하여 손해배상청구를 할 수 있다고 하지만, 서로 얼굴을 붉히면서 마음 상하게 하는 과정이 싫어서 고소를 취하했다.

어떤 방법도 통하지 않는다면 차라리 자리를 피하는 것이 상책이다. 의도적으로 해를 입히려고 하는 상대방 앞에서 샌드백이 될 필요는 없다. 싸움에 휘말리는 것 자체가 인생을 낭비하는 것이다. 인생의 문제 안에는 숨겨진 기회가 분명 있다. 장애물이 아니라 기회로 생각하면 된다.

결국 어떻게 되었을까. 나를 내쫓았던 건물주는 부도가 났다. 끝이 좋을 리가 없다. 더 큰 일도 들이닥쳤다. 태풍 마이삭과 하이선으로 바다부채길은 길이 끊기고 망가져버렸다. 아마 계속 그 자리에 한과 장사를 했으면 태풍 피해를 고스란히 겪었을 것이다. 하나님은 이렇게 피할 길을 만들어주시고, 더 좋은 것을 예비하시는 분이다. 문제와 시련 속에 담겨진 신의 큰 뜻을 찾아나갈 때 지혜로운 사람이 될 수 있다.

세 평 가게에서 시작하다

나는 왜 존재할까? 삶에서 가장 좋은 것 그리고 중요한 것은 무엇일까?

나를 둘러싼 세계에 대한 무궁무진한 질문들. 이것은 과거부터 지금까지 철학자, 신학자, 과학자 등 많은 사람들이 궁금해하는 질문들이다. 정답은 없다. 질문을 던지고 답을 구하는 과정에서 나만의 의미가 있을 뿐이다. 철학적 사유는 건강한 사회를 만드는 기본이다. 끊임없이 질문하고 사유할 때 비판정신이 생긴다. 하나의 행위에 하나의 답이 존재하지 않는다. 지금의 내가 존재하기까지 수많은 지식과 정

보, 사람들과의 만남, 경험 등이 쌓였을 것이다. 그렇다면 자신이 원하는 인생을 살기 위해서 내 안의 재료를 잘 찾아보아야 한다. 분명 신께서는 각 사람이 잘 살기 위한 기본적인 재료를 우리에게 주셨다.

좋아하는 책 중에 《나무를 심은 사람》이 있다. 프랑스 작가 '장 지오노'의 단편소설이다. 황무지 마을을 풍요로운 곳으로 바꾸어낸 양치기 노인 '엘제아르 부피에'의 헌신적이고 위대한 노력을 담은 책을 통해 희망을 배우게 된다. 프랑스 남부의 고산지대를 여행하던 '나'는 매일 100여 개의 도토리를 정성스레 심는 부피에 노인을 만난다. 전쟁으로 아이와 아내까지 잃은 고독한 사람이다. 그는 나무가 없어 죽어 가는 땅을 살리고자 너도밤나무 재배법까지 연구하며 묘목을 기르는 일을 한다. 이후 두 번의 세계대전이 끝나고 부피에가 87세가 되던 해 '나'는 황무지였던 마을을 다시 찾으며 놀라움을 느낀다.

새로 생겨난 숲 덕분에 말라 있던 개울에도 물이 흐르기 시작하고, 버드나무와 갈대가 숨쉬는 땅, 꽃이 피고 새들이 지저귀는 아름다운 곳이 되었다. 한 사람의 정신적, 육체적인 힘으로 이뤄낸 기적 같은 일은 실화라고 한다.

> "위대한 영혼으로 오직 한 가지 일에만 일생을 바친 고결한 실천이 없었다면 이러한 결과를 낳을 수 없었을 것이다. 그 사실을 생각할 때마다 나는 신과 다름없는 일을 훌륭히 해낸 사람, 배운 것 없는 그 늙은 농부에 대한 크나큰 존경심에 사로잡힌다."
> 《나무를 심은 사람》, 장 지오노

장 지오노 작가가 프로방스 고산지대를 여행하다가 만난 한 양치기를 통해 작품을 구상하고, 놀라운 문학작품으로 바꾸어 놓았다.

운명은 스스로 결정하는 법이다. 타인에 의해서 내 삶이 좌지우지되지 않도록 하자. 삶의 의미는 열심히 창조하고, 사랑하고, 일할 때 따라오는 것이다.

사막 같은 황무지에 나무를 심었던 '부피에 노인'이 풀 한 포기, 나무 한 그루 없었던 그곳에 덩그러니 내던져졌을 때를 상상해 본다. 심곡항에 한과를 시작할 때의 내 상황도 별반 다르지 않았다. 전혀 어울릴 것 같지 않은 두 단어, 바로 '한과와 바닷가'. 하지만 어떻게 살아야 할까, 무엇을 해야 할까에 대한 끊임없는 내적 질문의 답이 바로 한과 사업이라고 확신했다.

시작할 당시에 가게에는 인테리어가 하나도 없었고, 간판도 현수막으로 대신했으며, 오로지 한과를 만드는 모습과 맛을 보여주는 것으로 대신했다. 물론 지금도 매장 때문에 사람들이 찾아오는 곳이 아니다. 오로지 한과의 맛으로 찾는 곳이다. 매일 먹어도 질리지 않는 담백하고 건강한 맛은 자극적인 음식의 맛에 길들여진 사람들에게는 밋밋할 수 있다. 그렇지만 기본과 진심은 항상 통한다고 생각한다.

분명 질문은 더 나은 사람으로 성장시킨다. 그리고 내가 시작할 수 있는 일들이 무엇인지 알게 한다. '바로 이거야!'라고 생각되는 일이 있다면 주저하지 말고 시도해 보는 것이다. 부피에 노인은 나무를 심었고, 나는 한과를 만들었다.

덤까지 듬뿍,
마음이 오가는 곳

 장사나 창업, 마케팅 관련 책을 많이 읽고 강의도 오랫동안 해 왔다. 그렇지만 이론과 실전은 달라도 너무 다르다. 즉각적인 도움을 줄 것 같은 비법이 있을 것 같지만 세상에 그런 것은 없다. 훌륭한 전략을 머리로 이해하고 정보를 쌓는다 해도 저절로 자기 것이 되지 않는다. 머리로 이해한다고 해도 실전으로 적용하지 않으면 쓸모없는 지식이다.

 이 글을 쓰면서 이론과 지침을 담고 싶지 않았다. 누군가 실제로 경험한 진솔한 이야기를 읽고, 통찰을 얻는다면 그것이 더 중요하다고 보았다. 비법이라기보다는 겪은 일, 경험만을 담고자 했다. "사람들이 줄 서서 먹는 한과를 만드는 비법이 이 안에 담겨 있습니다"라는 광고 문구를 쓸 수가 없다. 왜냐하면 예닮곳간은 '하루 인생'을 온전히 실천하는 곳이기 때문이다. 하루가 쌓이고 쌓여 만들어 온 지금의 이야기, 살아 움직이는 생생한 휴먼 스토리이기 때문이다.

코로나를 겪고 있는 위기의 시대에 '예닮곳간'은 여전히 사람들이 줄을 서서 한과를 사는 곳이다. 경기가 좋을 때, 관광객이 넘쳐나던 2년 전과 비교하면 매출은 절반 수준이 못 미치지만 위기라고 생각하지 않는다. 심리적인 요인으로 행동마저도 위축되는 지금, 한과 매출이 꾸준히 유지되는 이유는 뭘까.

무엇보다도 맛과 진심을 알아봐주는 고객들 덕분이다. 우연히 찾았던 고객이 또 다른 고객을 데려오고, 택배로 주문하면서 전국 곳곳으로 알려지고 있다. 다들 위기의 시대라고 하지만 한과라는 단일 아이템으로 위기를 헤쳐 나가는 지혜를 터득해 나가고 있다. 마케팅 책에서는 "자기 분야에서 일가를 이룬 사람들에게 조언을 구하라"는 말이 종종 나온다. 그 조언이 때로는 실질적이고 진심 어린 말이 될 수 있다. 경제 경영서에 나오는 어려운 이론이나 용어, 방법론 하나 없이도 말이다.

장사를 하면서 가장 중요하게 여기는 것은 '기본'이다. 바로 성실성이 기본이라 생각한다. 기본을 지키지 못하면 어느 순간 무너지게 되어 있다. 끊임없는 자기 반성과 성찰의 시간이 필요하다. 예닮곳간 한과의 기본은 뭘까. 바로 맛과 품질이다. 어떤 사람들은 좀 더 싼 재료를 쓰면 더 많이 남을 것이라고 하지만 절대 그렇지 않다. 귀신같이 사람들은 맛을 느낀다. 품질관리를 하면서 재료의 퀄리티를 유지하고 더 좋게 만들려고 애쓴다.

사실 초창기에 한과 기술을 전수한 곳이 있었는데, 제대로 된 레시피를 따르지 않고 이윤을 더 많이 남기려고 하다가 결국 장사를 접은 곳이 있다.

재료비를 조금 아끼려다가 큰 손해를 보게 된다. 재료를 아끼지 말고, 더 많이 남기려 하는 욕심을 부리지 않는 것. 그것이 기본이다.

찾아온 손님에게 작은 마음을 더하는 것도 '기본'이다. 5,000원짜리를 구입하지만, 그 이상의 값어치를 느끼게 하는 것 말이다. 정량을 재어 봉지에 담는 것이 아니라, 한 주먹, 두 주먹 더 넣어서 정을 채운다. 아이들이 지나가면 꼭 먹어 보라고 쥐어 주려고 한다. 덤으로 나누는 것이 절반 이상 될 때도 있다. 그렇지만 그 이상으로 사람들은 마음을 나누어 준다. 시장에서 장사를 하다 보면 카드보다는 현금매출이 많은데, 속으로 셈하지 않아도 현금을 내면 '서비스'를 더 드린다. 그렇다고 매정하게 "카드 계산은 덤이 없어요"라고 하지 않는다. 그때그때 순간적인 마음을 느끼고 조금이라도 더 나누려고 할 때 고객은 편안함과 기분 좋음을 느낀다.

20대를 사로잡은 한과 열풍

　요즘 핫 플레이스라는 곳에 가 보면 감탄하면서 카메라를 동시에 열게 만든다. 눈길을 사로잡는 매장 입구, 근사한 실내 인테리어, 비주얼 폭풍인 음식까지…모든 것이 화보 같다. 사진을 찍으러 간 것인지, 먹으러 간 것인지 알 수 없을 정도로 한참 동안 음식을 앞에 두고 사진을 찍는 사람들을 흔히 볼 수 있다. 화려한 사진이 늘어가고, 너도 나도 경쟁하듯 SNS 피드에 올린다.

#맛집 #분위기 좋은 카페 #사진 찍기 좋은 카페 #데이트 장소 추천 #여행 가기 좋은 곳

이러한 해시태그를 단 글과 사진을 보면 하나같이 사진은 멋들어졌다. 하지만 생각해보자. 핫 플레이스라고 불리는 카페나 음식점을 또다시 꼭 가보고 싶은 마음이 드는지…. 네이버 지도를 들여다보면서 열심히 찾아간 장소이지만 어느 순간 비슷비슷한 곳이 많다는 것을 눈치채게 된다. 사람들을 다시 오고 싶게 만드는 요소는 뭘까. 단순히 유행하는 멋진 인테리어나 보기 좋게 세팅된 음식 때문만은 아니다. 먹거리 장사를 하면서 사람들이 꼭 다시 찾고 싶어지는 곳에 대한 고민을 해 보게 된다.

첫 번째는 뭐니 뭐니 해도 '맛'이다. 거기다가 생명력이 느껴지는 맛을 사람들에게 전달해주고 싶었다. 요즘 젊은이들에게 길들여져 있는 '달고 감칠맛 나는' 인공의 맛이 아니라 자연의 맛을 느끼게 해 주고 싶었다. 한국인에게 주식이라고 할 수 있는 쌀,

그중에서도 건강에 가장 좋은 '발아현미'를 엄선해서 만든 튀밥이 주재료가 되는 한과는 바삭함과 고소함이 일품이다. 암 환자들의 경우 현미튀밥만 먹어도 건강에 좋다. 이유식을 하는 아기들의 간식으로도 좋다. 거기다가 전통방식으로 만들어진 조청과 자연 발효효소를 첨가하여 한과를 만들었다. 아무리 좋은 재료로 만들어도 맛이나 식감이 떨어지면 사람들이 찾지 않는다. 기본이 되는 맛에 충실하겠다고 마음먹었다.

맛의 근본에 이를수록 사람들의 마음에 닿게 된다. 공장에서 뚝딱 만들어진 된장, 고추장이 슈퍼마켓에서 싸게 팔리지만 사람들은 알고 있다. 메주를 직접 쑤어, 전통방식으로 항아리에 담겨진 된장과 간장이 얼마나 몸에 좋은지 말이다. 이제는 제대로 만들어진 된장을 사기 위해서 지불하는 돈을 아까워하지 않는다. 건강한 식재료로 만들어진 한 끼 식사에 기꺼이 지갑을 연다. 그렇다면 한과 역시 근본이 되는 맛을 지키면 될 것이라고 생각했다.

 멀리 돌아가더라도 정직하고 바른길을 걸으면 된다. 패스트푸드나 인스턴트 식품이 편리하고 맛도 있다는 것은 알지만 그것을 평생 먹을 수는 없다. 건강과 웰빙을 생각하는 요즘 사람들에게 한과는 충분히 메리트 있는 아이템이라고 확신했다. 맛의 본질은 결국 식재료에서 나온다.

 두 번째는 바로 '사람'에 대한 기억이다. 요즘 강릉 재래시장을 찾는 고객들은 대다수 20대와 30대다. 젊은이들이 좋아하는 것은 사진을 찍고 SNS에 올리는 것이다. 전통시장 안에 있는 예닮곳간은 휘

황찬란한 인테리어를 해놓지도 않았다. 투박하고 촌스럽다. 그럼에도 이곳을 기억하고 또다시 찾아오는 사람들이 많다. 돈을 주고 광고 한 번 하지 않아도 찾아왔던 사람들이 자발적으로 SNS 홍보를 해주기 때문에 누군가가 또다시 찾는다. 들인 노력에 비해서 장사가 잘 되는 것은 모두 젊은 친구들 덕택이다. 그렇기 때문에 뭐든 더 줘야 한다.

SNS에 올렸다고 해서 1+1으로 제품을 더 주거나 사례비를 지급하지도 않는다. 어떤 누가 찾아오든지 열심히 시식하도록 내어 드릴 뿐이다. 시식을 한다는 건 맛에 대한 자부심 때문이며, 사람들과의 만남을 즐겁고 귀히 여기는 마음 때문이다.

"여기 한과 사장님, 되게 친절하세요."
"한과 사장님, 재미있고 좋으세요."

사실 이런 말들이 수없이 넘쳐난다. 도대체 몇 건의 블로그 글이 올라와 있는지 살펴보았다. 백여 건

정도 세어보다가 그만두었다. 거기다가 젊은 친구들이 사용하는 인스타그램이나 페이스북, 유튜브까지 더해지면 숫자를 세는 것이 의미가 없다. 경험을 중요하게 여기고, 자신의 느낌을 솔직하게 표현하는 20대와 30대의 마음을 사로잡았다면 그것만으로 충분하다.

"강릉 가면 꼭 가서 사야 할 1순위, 강릉시장의 예닮곳간 오란다, 예닮곳간 현미과자"라고 말해주는 사람들이 있다는 것이 고맙다. 나는 손님들에게 빚을 졌다. '장사를 잘 되게 해 주는 손님들에게 무엇을 더 나누고 베풀까?'만을 고민하면 된다. 예닮곳간의 친절과 즐거움을 기억하고 또다시 찾는 사람들이 있다는 것은 바로 이곳이 '핫플'이라는 뜻이다.

사람들의 감탄과 속삭임이 온라인과 오프라인으로 엮어져 오늘도 한과 장사는 행복하다.

한과에
사랑을 싣고

"삶의 목적은 하나님을 사랑하고 사람을 사랑하는 것을 배우는 것이다. 삶에서 사랑을 빼면 아무것도 남지 않는다. 사랑을 최우선에 두어야 한다고 하나님이 말씀하시는 또 다른 이유는 사랑은 영원하기 때문이다.

(중략)

사랑은 영원한 유산의 비밀 열쇠다."

《목적이 이끄는 삶》 중에서

사랑은 선택이자 배움의 영역이다. 죽는 날까지 사랑하는 법을 배워야 한다. 나의 주변에 둘러싼 사람들과 더불어 물질과 마음을 나누는 일, 그들의 고민을 귀담아 듣는 일, 상대방이 불쾌하지 않을까 염려하는 일…모두 다 사랑이다. 사랑도 충분히 연습으로 향상되는 삶의 기술이다. 어떻게 사랑을 연습할까?

'내가 이 말을 하면 상대방이 언짢아하지 않을까?'
'내가 기도를 하면 진실함이 상대에게 닿을 수 있을까?'
'내가 어떻게 그들을 도울 수 있을까?'

바로 이러한 마음의 훈련들이 필요하다.

"당신은 왜 나눔이 즐거운가요?"라고 나에게 묻곤 한다. 누군가에게 얻어먹고, 도움을 받는 사람보다는 밥 한 끼 더 사주고, 도움을 주는 사람이 되고 싶다. 그것은 오랜 시절 어머니의 모습에서 소리 없이 배운 삶의 철학이다.

어머니는 시부모님과 큰아버지를 모두 모셨다. 불평불만을 한 마디도 하지 않고 자신에게 맡겨진 일을 묵묵히 수행했다. 힘들다고 푸념할 만도 했을 텐데, 내색하지 않으셨다. 어머니의 삶은 사랑을 선택하는 과정이었다. 큰아버지의 경우 큰어머니가 두 분이셨다. 두 명의 큰어머니를 어른으로 모시면서 정말 잘하셨다(지금은 이해가 되지 않겠지만, 두 여자를 데리고 사는 남자들이 많았던 시절이다. 자식들도 큰어머니, 작은어머니라고 불렀다).

오른쪽에 계신 분이 나의 어머니

어머니는 상대에게 해가 되거나 가시 돋친 말을 절대 하지 않으셨다. 곁에 있는 사람들의 마음을 편하게 해 주시는 모습은 나의 정서에도 그대로 스며들었다. 알고 보니 그것은 사랑의 실천이었다.

어머니를 바라보면서 사랑을 배웠다. 어머니는 삶의 모든 순간에 사랑을 선택했다. 아버지가 조카 보증을 잘못 서면서 재산을 다 잃었을 때 집안은 한순간에 풍비박산이 났다. 나는 중학생 때부터 돈을 벌기 위해 노력했다. 나무를 해서 시장에 팔아 돈을 벌면 어머니께 갖다드렸다. 열다섯 살인 내가 어머니를 사랑하기 위해 선택한 일은 몸을 써서 일하고, 돈을 버는 것이었다. 그것이 당연하다고 여겼다.

인간의 근원은 사랑이라 해도 과언이 아니다. 남녀의 사랑의 결실이 바로 인간이다. 어떤 과정으로 잉태되었든 간에 남녀의 결합으로 이뤄진 생명이라는 존재는 가치가 있다. 그래서일까. 인간은 세상에 태어나 평생토록 사랑받고 사랑하는 사람이 되려고 안간힘을 쓴다. 세상에 태어나 사랑하기 위해 애쓰는 것은 태어난 의무를 완수하는 일이다.

고전 13:13 "그런즉 믿음, 소망, 사랑, 이 세 가지는 항상 있을 것인데 그중의 제일은 사랑이라."

사랑이 제일이라는 성경의 말씀대로 오늘도 나는 사랑을 선택한다. 한과에 사랑을 싣고…시장통에서 누군가에게 건네는 한과 한 봉지는 사랑의 실천이다. 이름 모를 사람들에게 사랑을 나누는 나만의 방식이다.

세상은 서서히 발효의 시대로 옮겨가고 있다

실제 발효식품은 우리 몸에 유익한 먹거리다. 특히 천연발효 식초는 우리 몸에 이로운 식품이다. 인체의 신진대사를 높여주고, 자연 치유력을 높여주는 약효까지 있다.

식초가 노벨 생리의학상을 3번이나 수상한 것을 알고 있는가? 1945년 핀란드 바르타네 박사가 생리의학상을 탔을 때 "식초의 초산 성분이 음식물의 소화 흡수를 돕는 촉매제 역할을 한다"는 결과를 발표했다. 두 번째는 1953년 영국 크레브스 박사가 "식초를 마시면 2시간 이내에 피로가 해소되고 소변이 맑아진다"는 연구를 발표해서 노벨 생리의학상을 받았다. 세 번째는 1964년도 미국 브롯호 박사의 연구였다. "식초 성분은 스트레스를 해소시키는 부신피질 호르몬 분비를 촉진시킨다"라는 것을 밝혀냈다.

굳이 노벨상이라는 거창한 권위에 기대지 않더라도 자연발효식품의 효과를 온몸으로 입증한 사람들이 많다. 발효라는 화학적인 작용이 우리 몸에 미치는 영향이 결국 인생이라는 생각을 해 보았다. 왜 발효의 시대일까?

미국의 식품산업, 제약산업, 화학산업의 부산물인 화학 합성물질은 식품첨가물에서부터 백신이나 약품에 이르기까지 현대인의 삶의 구석구석에 스며들었다. 가공식품, 식품첨가물, 화학약품, 합성영양제 등에 화학 합성물질이 첨가되어 있다. 워낙 제약업계나 식품업계의 정치적 로비와 대중을 현혹하는 기업 광고가 소비자의 눈을 가리기 때문에 잘 알려지지 않았을 뿐이다.

서구에서 시작된 주류 의학은 대증요법이다. 원인을 제거하는 치료가 아니라 증상을 완화시키는 치료다. 근본적인 병의 치료방법이 아니다. 서양의학은 과학의 탈을 쓰고 일반 대중들에게 다가갔다. 하지만 오염될 대로 오염된 먹거리로 인해 우리 몸은 점점 병들고 있다. 아토피, 소아천식, 알레르기 비염, 소아비만, 고혈압, 당뇨, 고지혈증, 콜레스테롤, 심혈관 질환, 갑상선, 유방암, 자궁 질환 등 잘못된 섭생으로 인해 몸에는 독소가 쌓이고 병이 깊어만 간다.

이러한 문제를 해결하기 위한 최상의 치료법이자 근본적인 원인, 대책이 될 수 있는 것은 바로 발효식품이다. 발효란 미생물이 유기물을 분해하는 과정이다. 미생물은 우리 몸에서 유해균을 제거하고 청정한 장내 환경을 만들어준다. 몸을 정화시키는 청소부 역할이라고 할 수 있다. 청소부가 사회의 음지에서 묵묵히 환경을 깨끗하게 만들어주듯 우리 몸의 대장은 온갖 음식물 찌꺼기, 유해독소와 물질을 걸러낸다. 대장의 역할을 잘 수행하도록 돕는 것이 바로 미생물이다. 미생물만의 독특한 역할인 발효에 주목하게 되면서 발효진액, 발효식품을 만들어 내게 되었다.

청소부 일을 하면서 돈을 벌었다고 하면 지인들은 믿지 못한다고 이야기한다. 20대에는 리어카를 끌고 동네의 쓰레기를 치우는 청소부 일로 학비를 벌고, 생활비를 벌었다. 백만 원, 이백만 원이 이렇게 모이면 어머님께 부쳐드렸다. 어머니가 힘들게 사시는 것이 마음 아팠다. 부모님의 빚을 갚는 것도 내가 당연히 해야 할 일이라고 여겼다.

청소는 세상을 깨끗하게 정화하고, 정직하게 돈을 벌 수 있는 아름다운 일이다. 비정규직 청소 아르바이트였지만 열심히 일했다. 청소부는 집집마다 돈도 직접 받았다. 청소부가 받은 돈을 구청에 수납하기도 했다. 정확히 기억나지는 않지만 청소하고 천 원, 이천 원씩 받았다.

 롯데그룹 회장님이 사는 집도 있었다. 심지어 어떤 집에서는 청소부인 나에게 보리쌀 80kg짜리를 선물로 주시기도 했다. 젊은 친구가 열심히 일한다고 눈여겨보신 것 같다. 청소는 세상을 빛나게 하는 가치 있는 일이었다. 누군가 볼 때 하찮게 생각되는 일도 사회에 꼭 필요한 영역이 될 수 있다는 것을 깨달은 순간이다.

 우리 몸에 미생물이 하는 작용은 오묘하고 신비롭다. 하찮아 보이는 미생물은 매우 작아서 눈으로 볼 수 없는 아주 작은 생물이라는 뜻이다. 미생물은 지구상 어디에나 있고, 우리 몸 구석구석에 살고 있다. 막걸리, 빵, 와인 등은 모두 미생물의 발효작용으로 만들어진 식품이다.

 미생물과 발효식품은 우리 몸의 더러운 찌꺼기, 독소가 만들어내는 질병을 치유하는 근본적인 해결책으로 작용할 수 있지 않을까. 유해균을 제거하고 청정한 장내 환경을 만들어주는 미생물을 통해 면역력을 키우는 것은 근원적으로 병을 이기는 방식이다.

발효식품으로 만들어진 건강한 수제 먹거리는 사업 아이템으로도 훌륭할 뿐 아니라, 세상을 이롭게 할 나만의 무기다.

발효의 시대, 과연 우리는 무엇을 먹고 살아야 할지 한 번쯤 고민해 보자.

강의 하류는
바로 소비자

 강물은 상류에서 하류로 흐른다. 강물 속에 몸을 담그고 있으면 물의 흐름이 느껴진다. 강물이 흘러가는 곳의 최종 목적지는 바다다. 강릉에서 수년째 살면서 바다를 매일 바라본다. 바다가 있는 곳에 살고 있다는 것은 인생 최대의 축복이라 생각한다. 하늘과 바다를 품은 강릉에서 끊임없이 혁신적인 사고가 생겨났다. 장소는 사람을 키운다. 그리고 특히 자연은 시시때때로 삶의 자각을 일깨우는 신의 영역과도 같다.

 강릉의 하천은 모두 백두대간에서 시작된다. 북

쪽으로부터 연곡면 연곡천, 사천면 사천, 강릉 남대천, 옥계면 주수천 등이 있다. 자연스레 강릉의 크고 작은 해변으로 흘러 들어간다. 주문진, 연곡, 사천, 경포대, 강문, 안목, 정동진 등 동해안을 따라 펼쳐진 해변은 모두 강물이 흘러서 만난 바다다.

'나는 절대 흐르지 않을 거야. 나는 절대 바다로 가지 않을 거야'라고 생각하는 강물은 없다. 자연의 순리대로 흘러갈 뿐이다. 생산자를 강의 상류라고 생각하면, 하류는 소비자에 가깝다. 그렇다면 강물의 상류에만 내가 머무른다고 해서 성공할 수 있을까? 절대 아니다. 세상의 흐름을 읽어내기 위해서는 '하류'로 향해야 한다.

오랫동안 사업을 하면서 크고 작은 성공과 실패를 맛보았다. 상류에서 흘러내려오는 물살은 인생의 자각을 일으킨다. 그러나 어느 순간 흐름에 익숙해져 물의 흐름에 아무런 의문도 품지 않은 채 유유히 살아가게 되는 때가 있다.

마르크스의 《자본론》 중, 생산력이 증대하더라도 생산관계는 그에 비례하기 어렵기 때문에 어느 순간부터 생산관계는 질곡, 즉 자유를 저해하는 기능을 하게 된다는 고찰이 있다. 생산관계는 쉽게 말하면 인간관계다. 생산과정에서 맺게 되는 사회적인 관계 말이다. 생산은 한 개인의 단독적인 행위가 아니다. 집단 지성으로 이뤄진 사회적인 산물이다. 그렇다면 나 홀로 독립된 경제활동은 존재하지 않으며, 상호교류의 관계를 통해서 재화 창출이 가능해진다.

어려운 말이 아니다. 고객 즉 소비자의 존재 가치를 최대한 존중하고 의식할 때 새로운 사고가 가능하고 사업은 성장한다. 상대방 중심으로 생각하는 것, 고객의 가치를 최대한 의식하여 나의 존재 가치를 생각하는 자세가 필요하다. 기존의 흐름에 젖어 삶에 익숙해질수록 창조적인 사고는 생기지 않는다. 아웃사이더가 되어야 한다.

비즈니스 세계에 몸담은 사람이라면 고객의 입장

에서 일을 바라볼 필요가 있다. 당연하고도 단순한 진리다. 아무리 좋은 물건을 만들어낸다고 해도 소비자를 움직일 수 없다면 자본주의 사회에서의 쓸모는 제로다. 미래가 영구적으로 보존되는 비즈니스 모델은 존재하지 않는다.

바로 강릉의 하천과 바다를 매일 바라보면서 얻은 철학이다.

길가에 예배당, 꿈의 교회. 지나가는 누구나 작은 예배당에 들러 기도 한 자락 하고 마음이 쉬어갈 수 있었으면 좋겠습니다.

2장
위대한 장사의 발견

천 원도
소중히

 록펠러, 빌 게이츠, 워렌 버핏 등 세계에서 제일 가는 부자들이 가장 중요하게 생각하는 것은 뭘까. 바로 절약이다. 수천억, 아니 수조 원 자산가도 중요시하는 것이 절약인데, 물려받을 재산 하나 없는 평범한 월급쟁이야 더 말할 것도 없다. 절약이 중요한 이유는 명백하다. 절약하지 않는 한 돈을 결코 모을 수 없다. 수입이 늘어나는 것이 중요한 게 아니라, 절약으로 돈을 모으는 것이 중요하다. 일단 돈이 모여야 자산이 늘어난다. 부자의 길은 절약이다.

그런데 절약이 미덕이 되는 시대가 아니라, 소비가 미덕이 되는 시대가 되어버렸다. 요즘 현대인들에게 가장 큰 문제는 욕구불만과 스트레스라 할 수 있다. 배가 고프지 않아도 눈앞에 음식이 있으면 계속 먹는다. 이는 위장이 배고픈 상태가 아니라 마음이 허한 것을 채우는 행위라고 한다. 소비도 마찬가지다. 필요하지 않아도 물건을 자꾸만 사는 것도 허전한 욕구를 채우는 일이다. 스트레스를 받을 때 쉽고 빨리 욕구를 해소하는 일이 쇼핑이라고 한다. 집에는 물건이 넘쳐나지만 필요하지도 않은 물건을 산다.

절약의 삶이 가치 있음을 깨달은 것은 단식의 효과를 제대로 경험한 이후부터였을 것이다. 단식에 대한 경험담은 추후 진지하게 풀어 보려고 한다. 단식으로 병을 치유하게 되었다는 극적인 스토리가 넘치지만 이곳에서 말하기는 어렵다. 동물은 병이 났을 때 스스로 먹는 것을 끊는다. 그리고 조용히 치유되기를 기다린다. 단식은 인간이 스스로 병을 치유하는 자연스러운 방법이다. 영양소를 채워서 병이 났다면 이제는 비워야 할 때다.

몸의 독소를 빼는 가장 좋은 방법은 일정 기간의 단식이다. 단식을 주기적으로 경험하면서 몸은 가벼워지고, 건강이 향상되었다. 자연히 소비하지 않고, 소유하지 않으면서 행복해지는 방법을 터득했다. 몸에서의 절약이 단식이 된 셈이다. 절약하면 돈이 모인다는 사실은 너무도 기본적인 상식이다.

한과를 팔아서 버는 천 원, 만 원의 돈은 정말 가치 있다. 수천만 원, 수억 원을 한 번에 벌 수 있는 일은 아니지만 정직하고 심플한 계산법이 들어 있다. 한과 한 봉지, 오란다 한 봉지를 사가는 손님들이 정말 고맙다. 어느 날은 그날 번 돈을 계산할 새도 없이 잠들어 버릴 때도 많다. 돈을 쓰러 갈 시간이 없어서 돈이 모일 정도다. 쓰지 않으면 모이게 마련이다. 아무리 재테크를 잘한다고 해도 기본은 모으는 일이다. 천 원짜리를 하찮게 여기지 않는 태도는 돈의 가치를 높이는 기본 중의 기본이다.

장사의 비법?
나누는 것밖에 없지

"야! 빵틀이 빵 갖고 왔대!"

어린 시절 나의 별명은 '빵틀'이었다. 반 아이들이 모두 내 주위로 몰려들었다. 빵 하나 얻어먹으려고 달려드는 아이들은 신이 났다. 먹을 것이 부족하던 시절, 빵을 쉽게 구하기도 어려웠을 때 반 친구들에게 빵을 사서 나눠주던 일이 있다. 알 수 없는 흥분이 샘솟았다. 그냥 나눠주는 게 재밌었다.

"어머니, 빵 좀 사주세요. 학교에 사가지고 가서 애들한테 나눠주게요"라고 졸라댔다. 친구 아버지가 빵 배달하는 일을 하셨기 때문에 빵도 쉽게 구

할 수 있었다. 그나마 우리 집에는 현금이 많았다. 아버지가 조카 보증을 서서 망하기 전까지는 현금 부자였다. 외할머니가 무당이셨기 때문이다. 점을 보러 오는 사람들이 복채로 건네는 현금이 항상 집에 있었다.

소풍날이 되면 김밥 도시락을 10개씩 싸갖고 갔다. 도시락을 못 싸갖고 오는 친구들에게 나눠주기 위해서였다. 친구에게 직접 주면 창피해할까 봐 선생님께 도시락을 맡겼다. 점심을 굶을 친구들을 생각했기 때문이다. 아주 넉넉한 형편은 아니지만 나누는 것에 인색하지 않았던 어머니 덕에 초등학교 시절에는 친구들에게도 인심을 많이 베풀 수 있었다. 심지어 내가 빵을 나눠주는 것을 인근 동네의 깡패들도 다 알았다. 깡패들에게 빵을 빼앗긴 적도 있다.

어릴 때부터 나눠주는 게 좋았다. 이것은 누가 시켜서 하는 일이 아니며, 배워서 그렇게 된 것도 아니다. 나누고 베풀 때 오히려 힘이 났다. 평생 남에게 돈을 빌린 적도 없고, 밥을 사 주면 사주었지 얻어먹은 일은 손에 꼽을 정도다. 돕고 나누는 것은 그저 기쁨이었다.

한과 장사를 하면서도 지나가는 손님들에게 끊임없이 나눠준다.
"학생, 이것 좀 먹어봐."
"아기 엄마, 이거 먹고 예쁜 아기 낳아요."
"어르신, 이거 드세요."
"안 사도 돼요. 그냥 먹어 봐요."

먹어 보면 대부분 한과와 오란다를 사간다. 그렇다고 상술은 아니다. 그냥 나눠드리고 싶은 마음에 끊임없이 시식을 한다. 곳간에서 인심 난다는 말이 있다. 대단한 것도 아닌 과자만으로도 사람들의 마음을 얻을 수 있는 게 얼마나 좋은가.

아버지는 사업을 하셨는데 잘될 때도 있었지만 크게 망한 이후로 실패감에 젖어 재기하지 못하셨다. 일본과 한국을 오가며 무역상을 하셨는데, 자본금 없이 했던 사업이 그러하듯 망하는 것은 한순간이었다. 집에서 술만 드시고 아무 일도 하지 않는 아버지의 모습은 유년 시절에 봐온 일상이었다. 학교 가기 전에 양조장에 가서 술을 받아오는 게 나의 일이었다. 종일 술을 드시다 주막에서 쓰러지신 아버지를 리어카에 싣고 온 적도 있다. 그 일이 원망스럽거나 부끄러웠다면 하지 못했을 것이다. 아버지는 결국 60대 초반에 술로 인한 간경화로 돌아가셨다. 온종일 술을 마시고 일하지 않는 아버지에 대해서 불평 한 마디 하지 않으셨던 어머니가 더욱 대단하다고 느꼈을 뿐이다.

코로나 시대에 다들 어렵다고 말한다. 손님이 끊겨 장사가 안 되고, 생계의 문제에 봉착한 사람들이 너무 많다. 경제적으로 어려운 시대에 시장을 찾는 손님들이 있고, 한과를 사려고 줄을 서서 기다리는 사람들이 있다는 것. 그것만으로 얼마나 감사한 일인가. 어떠한 과학적 논리로도 설명되지 않는다. 장사의 비결은 대단하지 않다. 조금 더 나누고, 덜 남긴다면 자연스럽게 결과는 따라오지 않을까.

기(氣)를 좋게 하는
장사법

06:00	기상, 30분 기도, 30분 냉온욕과 풍욕
07:00	출근하여 청소
07:30	한과 만들기 시작
08:00	손님 맞이할 준비
10:00	직원들 출근, 하루 장사 시작
17:00	장사 정리하고 마무리
18:30	퇴근
19:00	저녁 식사하고 시장조사
21:00	귀가, 개밥 주고 성경 읽고 잠들기 전 냉온욕
23:00	취침

단조로운 하루 일과다. 장사를 시작하면서 목표를 세웠다. 1,000일 동안 하루도 안 쉬기. 매장 휴무도 없이 장사를 한다. 목표로 삼은 일을 성취해나가는 것은 나와의 약속이다. 누군가 시켜서 억지로 하는 일이 아니다.

아침 7시에 출근하여 8시부터 손님을 맞이할 준비를 한다. 허겁지겁 정신없이 하루를 시작하게 되면 마음이 무겁고 갑갑하다. 손님과 소통도 잘 안된다고 느껴진다.

아무리 바쁘고 힘들어도 하루의 의식과도 같은 냉온욕을 잊지 않는다. 냉온욕은 말 그대로 냉탕과 온탕을 오가는 목욕법이다. 혈액순환을 돕고, 근육을 이완시켜 피로가 회복된다. 냉온욕만큼 좋은 것은 풍욕이다. 피부를 건강하게 하고 면역력을 높인다. 바람 목욕이라고 할 수 있다. 냉온욕과 풍욕을 지속한 지 20년이 되었다. 감기 한 번 걸리지 않고, 잔병도 없을 정도다.

그밖에도 건강을 유지할 수 있는 기본적인 방법들이 몇 가지 있다. 일상의 생활습관만으로 건강을 지킬 수 있는 것은 돈도 들지 않는다. 자신의 몸을 사랑하는 방법이라고 생각하면 실천하기 어렵지 않다.

아침 일찍 풍욕과 냉온욕으로 맑은 정신을 갖게 되면 손님들을 맞이했을 때 무언가 꿰뚫어 볼 수 있는 에너지가 생긴다. 만약 매일 저녁마다 술을 마시고, 피곤한 상태에서 억지로 아침에 일어나 하루를 시작한다면 기력이 쇠할 것이다. 거기다가 내 몸의 상태를 상대방이 느낀다. 분명 느끼게 된다. 좋은 기운을 전달하는 사람이 되어야 장사도 절로 잘된다. 고객의 마음을 느끼는, 나만의 보이지 않는 방법이다.

다른 가게가 문을 열기 전에 장사를 시작하면 이점이 많다. 아침에는 시장에서 시식할 곳이 없기 때문에 배가 고픈 사람들이 시장을 어슬렁거리다가 한번 맛보고 사가기도 한다. 부지런함은 기본 중의 기본이다. 어느 때는 아침 시간에 혼자서 20만 원 이상의 매출을 올린 적도 있다. 이것은 대단한 일이다. 한과를 만들고, 손님들과 소통하고 대화하면서 좋은 기운을 주고받는다.

일확천금 같은 돈은 금방 사라진다. 천 원, 만 원은 얼마나 값진 돈인가. 나의 몸을 부지런히 움직이고, 사람들과 건강한 대화를 나누면서 돈까지 번다. 이것은 노동이 아니라 놀이다!

어디서
오셨어요?

예닮곳간을 지나치는 모든 분들께 처음 건네는 말이다. "어디서 오셨어요?" 그것만으로도 대화의 물꼬를 틀 수 있다. 원래 알던 사이이거나 가깝고 친밀한 사이가 아니기 때문에 "요즘 어떻게 지내세요?"라는 일상 대화는 이끌어 낼 수 없다. 시장은 전국 팔도에서 모인 사람들이 지나가는 곳이다. 물론 강릉 시민들이 가장 많이 오긴 하지만, 관광지에 있는 재래시장이다 보니 젊은이들부터 노인까지 찾아온다. 전국 단위의 관광 시장이라서 '어디'에서 왔는지 물어보면 그것만으로도 대화가 시작된다.

"어디서 오셨어요?"는 마법의 질문이다. 거의 대부분의 사람들이 1초도 안 되어 대답을 한다. 간혹 말하기 싫어하는 사람들도 있다. 그렇지만 99%는 사는 곳을 이야기한다. 장사도 협상의 과정이다. 중요한 것은 상대방의 마음을 얻는 일이다. 기분이 나쁘고 컨디션이 별로일 때는 누구나 말하기 싫어진다. 또한 상대방이 나를 신뢰하지 않을 때는 거래 자체가 이뤄지지 않는다.

"어디서 오셨어요?"
"아. 저 서울이요."
"서울 어디?"
"송파 쪽이요."
"우와, 그래요? 거기 지금 벚꽃 한창인데…잠실 5단지 벚꽃이 대한민국 최고인 것 같아요."

이렇게 대화를 시작하면, 백발백중 다음 질문에도 대답을 이어나간다. 과자 파는 것은 뒷전이다. 동네 얘기를 하기도 하고, 같이 온 가족 이야기도 한다.

"아들인가 보네. 아이구, 잘생겼네. 귀엽네…이거, 할아버지가 주는 과자야. 먹어봐."

"아, 안 그러셔도 되는데…고맙습니다."

"먹어보고 안 사도 돼요."

한과 장사를 시작하면서 나는 이전의 직업적인 옷을 모두 벗어던졌다. 목사도 아니고, 기업의 대표도 아니고, 대학 교수도 아니다. 이 모든 직함이 나에겐 있지만 시장에서는 '장사꾼'으로 인식되는 것이 가장 좋다. 사실이 그렇기 때문이다.

한과를 만들면서 정장을 차려입을 수도 없다. 비싼 명품 옷은 소용이 없다. 장소에 맞는 옷, 장소에 맞는 이미지로 탈바꿈해야 한다. 시장을 지나치는 사람들을 마주할 때도 원하는 것을 얻는 심리적인 대화법이 필요하다. 경영학을 가르치는 교수이기도 했지만 거창한 비즈니스 협상법을 여기에 적용할 수는 없다.

내가 파는 제품에 대해 구구절절 설명할 필요가 없다. 사든 안 사든 판단은 상대방이 하는 것이다. 협상은 상대방이 행동을 하도록 만드는 과정이지, 강압적으로 내 주장을 밀고 나가서는 안 된다. 힘으로 상황을 통제하거나 말로 제압하는 것은 장사에서 하등 쓸모없는 일이다.

사람들은 감정과 인식의 창을 통해 세상을 바라본다. 논리적인 계산과 이성적인 사고는 뒷전이다. 기분 좋은 감정 상태에서는 5,000원이 10,000원이 되고, 10,000원이 20,000원이 된다. 몇 만 원씩 택배 주문까지 하고 간다. 내가 억지로 무언가를 설득하려고 애쓰지 않아도 말이다.

최상의 결과를 얻기 위해서는 인간적인 소통이 우선이다. 뛰어난 장사꾼은 태어나는 게 아니라 만들어진다. 실력 또한 연습에서 나온다. 연습과 함께 끈기를 가져야 한다.

나는 오늘도 가게 앞을 지나가는 모든 사람들에게 "어디서 오셨어요?"라고 질문하며 한과를 하나씩 나눠준다.

먹기 위해 일할까, 일하기 위해 먹을까

"먹기 위해 일할까, 일하기 위해 먹을까?" 이것은 "닭이 먼저냐, 알이 먼저냐?"와 같이 답이 없는 질문일 수 있다. 그렇지만 목적과 수단의 관계로 생각하면 분명 답은 존재한다. '일하는 것'이 인생의 목적이라면 '먹는 것'은 수단이 된다. 반대로 '먹는 것'이 목적이 되면 '일하는 것'은 수단에 지나지 않는다. 어느 것이 옳은가는 각자의 인생관에 따라 달리 결정된다.

개인적으로 '일하기 위해 먹는다'고 생각한다. 대부분의 사람들은 가능하다면 일하지 않고 놀고 먹는 삶을 살고자 한다. 땀 흘리지 않고도 먹을 수만 있다면 그 길을 좇는다. 일의 의미보다 먹는다는 것에 의미가 크기 때문이다.

남의 노동을 착취하거나 일하지 않고 얻을 수 있는 수입을 부러워하는 사람들이 많다. 이것은 잘못된 인생관이다. 편하게 번 돈으로 사치스럽게 살아가는 것은 인생 최대의 행복이 아니다. 분명한 것은 일이 숭고한 인간의 사명이며 사랑의 실현이 될 수 있다는 사실이다.

'일한다'는 뜻의 일본말은 '하다라꾸'다. 글자 그대로 이웃(하다)을 편하게(라꾸) 하는 것이다. 즉 자기 둘레의 사람들을 편하게 하는 것, 바꾸어 말하면 내가 일을 해서 이웃을 행복하게 하는 일이다. 세상의 모든 노동은 이웃을 편하게 해주는 일이다. 노동을 먹기 위한 수단으로만 생각하기 때문에 노동이 고통이 된다. 마지못해 해야 하는 힘겨운 고행처럼 말이다. 그래서 힘들게 몸으로 일하는 노동자를 천시하게 된다.

잊지 말아야 할 진리가 있다. 바로 '노동은 신성하다'는 말이다. 우리는 이 땅에 그저 먹고 살기 위해 태어난 것이 아니다. 시골에서 태어나 농사짓고, 가축 키우고, 나무를 하는 일은 생존 그 자체였다. 나는 지금도 편히 놀고 먹는 것보다 일하는 것이 더 마음 편하다.

학창 시절에는 공부도 일도 중요했다. 고등학생 때 학교가 끝나면 포장마차 장사를 해서 돈을 벌었다. 어려운 형편을 알고 선생님이 장사할 돈까지 대주셨다. 그 시절에는 충분히 있음직한 일이다. 친구들이 수업 끝나고 함께 장사를 도와줬다. 김장철에는 가락동 농수산시장에서 배추를 사다가 동네에 팔았다. 리어카를 개조해서 사과도 팔아보았다. 심지어 주물공장에서 일도 했다. 학교 끝나고 공장으로 달려가 쇳물을 붓는 주물공장에서 일하면서 용접, 선반 기계 일까지 했다.

그렇게 일하면서도 중학교, 고등학교 개근을 했다. 공부에 대한 욕심도 있어서 시험을 볼 때면 최선을 다했다. 십대 시절에는 세상 어떤 것도 무섭지 않았다. 돈을 벌면 매달 하숙비로 23,000원씩 냈다. 학비도 내고 남는 것은 무조건 부모님께 드렸다. 내가 일해서 번 돈으로 누군가의 마음을 편하게 해줄 수 있다면 그것만큼 가치 있는 일이 또 있을까 싶었다. 어린 시절부터 몸뚱아리 하나로 충분히 살아가는 힘을 키우는 시간을 차곡차곡 쌓아나갔다.

'인생의 목적은 일하는 것이다'라고 확신한다. 내가 일하면 주변 이웃이 편해진다. 내 둘레에 있는 사람들을 편하게 하고 이웃을 행복하게 하는 것은 내가 일하는 가장 큰 이유다. 세상의 모든 노동은 서로를 편하게 돕기 위해 연결되어 있다. 공장에서 일하는 직공들의 수고와 땀으로 따뜻한 옷을 입고, 필요한 물품을 살 수 있다. 버스 운전기사의 노동으로 먼 곳까지 편안히 달려갈 수 있다. 동네 청소부 덕택에 깨끗한 환경에서 살 수 있으며, 그림을 그리는 화가 덕분에 아름다운 예술에 대한 감동까지 느낀다. 서로의 일을 통해 행복해진다.

운이 열리는 곳에서
힘이 솟는다

 "당신은 진짜 운이 좋네요"라는 말을 듣는다. 내가 운이 좋다고? 고개를 갸웃거릴 일이다. 실패와 실패의 연속을 맛보고, 인생에서 더 이상 내려갈 곳 없는 바닥까지 경험했던 내가 운이 좋다니…그런데 한편으로는 '운이 좋다'는 말이 기분 좋게 들린다. 그렇다면 '나는 항상 운이 좋은 사람이다. 왜냐하면 항상 내 편인 예수님이 계시니까…가장 큰 백이 내 뒤에 있는데 뭘 더 바랄까'라고 생각한다. 내 운의 근원은 바로 모든 생명체와 우주만물의 힘이 되시는 그분, 예수님이다.

태양계의 행성들은 변화하는 위치에 따라 에너지가 발생한다. 태양의 위치가 어디에 놓이느냐에 따라 에너지가 변화하고 달라진다. 태양에서 거리가 멀어질수록 자기장의 힘이 약해지고, 태양 에너지의 힘도 미약해진다.

생명체는 생육환경이 중요하다. 선인장은 강한 햇빛에 잘 살아남고, 매일 비를 맞으면 죽는다. 고래는 넓은 바다에서 헤엄치지만 얕은 갯벌 같은 바다에서는 살 수 없다. 운이 좋다는 것은 자기가 잘 살 수 있는 환경을 찾아가는 것이다. 운에 맞춰 내가 살 길을 찾아가는 것은 운명을 개척하는 일이기도 하다. 나쁜 운이 도래했을지언정 나 스스로 환경을 바꾸면서 새로운 인생의 문을 열 수 있다.

우리나라 곳곳을 여행하듯 살면서 노후를 보내고 싶은 곳을 찾았다. 세 곳이 후보지에 올랐는데 제주도, 통영, 강릉이다. 그런데 우연히도 강릉에서 '예닮곳간'이라는 한과 사업을 하고 있다. 강릉은 내게 엄청난 기운을 주는 곳이다. 운명을 이동시키는 방법 중 하나는 삶의 배경을 옮기는 것이다.

구약성경 '출애굽기'에 나온 모세는 이스라엘 민족을 이집트에서 가나안으로 이끌었다. 그가 위대한 지도자가 될 수 있었던 것은 태생이 특별하고 탁월해서가 아니다. 시험과 번민을 겪으며 광야를 건너가면서 진짜 자신을 새롭게 발견했기 때문이다. 광야는 황무지 같은 곳이었지만 강인한 영혼의 소유자로 만들어 준 완벽한 장소였다. 광야는 자신이 경험한 모든 것을 '무(無)로 만들어버리는 곳이었다. 당연히 과거의 방식으로는 문제를 해결할 수 없다는 것을 알게 되었다.

강릉은 아는 사람이 하나도 없는 곳이었다. '무엇으로 다시 시작할 수 있을까?' 고민하면서 '그래! 이전의 것이 아닌, 새로운 방식을 찾아보자'라고 생각한 것이 한과 사업이다. 산전, 수전, 공중전을 다 겪은 내가 육십의 나이에 뭔들 못할까 싶었다. 나이가 들수록 새로운 일, 장소, 사람에 대한 두려움이 생긴다. 낯설고 불편하다. 익숙한 곳에서 편하게 늙고 싶은 것이 인간의 속성이다. 하지만 강릉에서 새로운 사업을 시작해 보니, 육십대는 새로운 일을 하기에 너무도 젊은 나이 같다. 모세가 가나안 땅으로 들어갔을 때는 무려 팔십 세였다.

지금 내가 살고 있는 집, 일하는 일터, 사람들은 오랜 시간 동안 일군 삶일 것이다. 누구나 위기의 순간이 찾아온다. '이렇게 살 수만은 없지'라고 마음먹게 되는 순간 새로운 곳으로 자신의 운명을 이동시켜야 한다. 나쁜 인연 같은 사람, 장소 등을 끊어내고 벗어나면 곧바로 운명이 바뀌게 된다.

군대에 가면 유독가스 유출 상황을 대비해 화생방 훈련을 한다. 화생방 훈련실에 들어가면 가슴이 꽉 막혀오면서 눈과 코에서 불이 나는 것 같다. 수십 년도 지난 오래 전 일이지만 그때의 고통이 생생하다. 훈련이 끝나고 화생방 훈련실 문을 박차고 나오면 눈물, 콧물이 다 쏟아지면서 맑은 공기가 폐에

들어가 가슴이 뻥 뚫린다. "아, 살 것 같다!"라는 말이 절로 나온다. 미세먼지, 황사, 매연과 같은 나쁜 공기가 가득한 도시의 환경에서 청정 지역인 강릉으로 발걸음을 옮긴 순간, 뿌옇던 인생이 푸른 하늘로 변했다. 변화는 새로운 기운을 불어넣는다. 지금의 삶, 인연에 숨이 막힌다면 자신의 터전을 바꾸어보는 것도 방법이다. 문 밖에는 잘 될 운명이 기다리고 있으니….

매일 장사를 끝내고, 바닷가를 걷거나 드라이브를 하면서 새로운 기운을 얻는다. 강릉은 제2의 고향, 나를 소생시키는 도시다. 사업이 번창하는 이유에는 여러 가지 요소가 있다. 그중 '자리' 즉 장소도 한 몫 한다. 터가 좋은 곳, 안 좋은 곳이 있는 것이 아니다. 자신에게 잘 맞는 곳인지, 운의 흐름이 느껴지는 곳인지, 스스로 힘이 솟는 곳인지 느껴보아야 한다.

 초등학교에서 간장, 된장, 고추장은 직접 담궈 사용했으면 하는 게 나의 오랜 꿈입니다. 가장 바른 먹거리는 숨 쉬는 그릇, 장독에서 막 퍼 담은 우리 것이기에…

3장

놀이하듯 일하고 일하듯 놀기

각계각층의 기원이 담긴 간절한 꿈의 무대 평창올림픽

공군사관학교
가려고

 순리대로 사는 것은 자연의 이치에 따르는 삶이다. 꿈과 희망에 부풀었던 십대 시절 나는 파일럿이 되고 싶었다. 공군사관학교에 입학하기 위해서 재수까지 했다. 서울 노량진 재수학원을 다니면서 공부했다. 학원 공부만 한 것이 아니라 돈을 벌기 위해 청소일까지 했다. 하숙비, 학원비 등을 감당해야만

했다. 공군사관학교를 가겠다는 목표 하나만 바라보고 살았던 때이다. 원하는 것을 얻기 위해서는 목표에 집중해야 한다.

그런데 결과는 불합격이었다. 실력이 없어서 낙방한 것이 아니었다. 합격했다는 소식을 받은 이후 다시금 불합격을 통보받았다. 1970년대는 응시생의 신원 조회로 인해 불합격 처분도 가능했던 시대였다. 간혹 요즘에는 사관생도 지원자의 범죄 전력을 확인하여 불합격으로 처분한 것이 문제가 되기도 한다.

'연좌제'는 가족과 친인척 혹은 동네 사람들까지 연대책임을 묻는 제도였다. 1894년 갑오개혁 이후 폐지되었다. 그러나 공직임용이나 사관학교 입학 제한의 형태로 연좌제는 계속되었다. 국가보안법 위반이나 반체제범죄에 대해서 신원 조회를 통해 연좌제 성격의 제한이 유지되면서 불리한 처우를 받게 되는 일이 흔했다. 나의 큰아버지가 전쟁 이후 북한에서 남으로 돌아오지 못했다는 사실이 후손에게까지 영향을 미친 것이다.

결국 공군사관학교에 입학하지 못하게 되었고, 차선책을 선택할 수밖에 없었다. 그때 나의 심정은 억울함보다는 '어쩔 수 없는 운명이구나'였다. 세상은 내 뜻대로 살 수 없다는 것도 알았다. 공군사관학교에 입학하여 파일럿이 되는 것이 꿈이었다면 그 본질에 접근하여 또 다른 길을 찾는 것도 나쁘지 않다고 여겼다. 다소 먼 길로 돌아갈 수는 있지만 어찌됐든 내 인생을 살아가는 것이 중요했다.

'내 인생이 뭔가 잘못되었다'라고 생각하는 순간 스스로 귀중한 인생을 낭비하게 된다. 공군사관학교 입학이 취소된 후 내 인생을 비관하며 괴로운 상태에 빠졌더라면 새로운 삶이 열리지 않았을 것이다.

한과 사업도 우연의 연속이었다. 20대의 나는 아

마도 60대가 되어서 한과를 팔고 있는 자신을 상상하지 못했을 것이다. 어떠한 삶을 살게 될지 그 누구도 알 수 없다. 인생의 막다른 길이라고 생각될 때 새로운 길이 열린다. 한과를 팔면서 인생에서 가장 행복한 오늘을 살고 있다.

밥은 한울님

하늘을 혼자 못 가지듯이
밥은 서로 나눠 먹는 것
밥은 하늘입니다

하늘의 별을 함께 보듯이
밥은 여럿이 같이 먹는 것
밥이 입으로 들어갈 때에
하늘을 몸 속에 모시는 것

밥은 하늘입니다

아아, 밥은

모두 서로 나눠 먹는 것

〈밥은 하늘입니다〉 김지하 시인

  밥은 바로 생명이다. 생명을 살리는 가장 기본이 되는 먹거리이다. 전 세계에서 먹거리 안전 문제가 국가적 과제로 다뤄지고 있다. 국민을 위한 정부라면 안전한 먹거리를 보장하고 건강을 지키는 것을 최우선 과제로 다뤄야 한다. 대한민국이 세계 1위의 GMO(유전자조작생물체) 농산물 수입국가라는 사실을 알고 있는가? 유전자를 조작하고 치명적인 제초제를 뿌리고 자연의 섭리를 거스르며 만든 GMO 식품은 밥상을 위협한다.

  한 해 1,000만 톤 이상의 GMO 곡물을 수입하고, 240톤을 사람이 먹게 된다. 국내 가공식품 원재료의 70% 이상을 수입하는데, GMO가 상당하다. 대장암, 유방암, 당뇨병, 치매 환자, 불임, 자폐증 등의 질병이 1990년 이후 20만 명이 증가했다는 보고도 있다. GMO로 인해 가장 큰 피해를 겪는 사람들은 누굴까? 바로 어린이다.

　그렇다면 최소한 학교급식에서는 GMO 농산물을 쓰지 않아야 한다. GMO 표기를 의무화하는 입법이 이뤄져야 한다. 국민의 먹거리 주권과 건강권을 위한다면 말이다. GMO로 오염된 먹거리 생태계를 바꾸기 위한 노력이 절실하다. 땅 속의 미생물이 살아나고, 흙이 살아나며, 자연친화적인 농업이 살아나고 건강한 생태계가 복원되어야 한다.

　우리가 모르고 먹는 콩나물, 두부, 두유, 콩기름, 옥수수기름, 카놀라유, 각종 당 첨가물, 된장, 간장, 고추장 등 아주 기본적인 식품에서 GMO 사용량이 엄청나다. 벌레 먹고 비틀어지고 구멍 난 것이 가장 안전한 농산물이다. 무지한 소비자들은 비싼 돈을 주고 벌레도 안 먹는 것들을 먹고 사는 어리석은 짓을 범하고 있다. 제초제, 농약, GMO, 유해첨가물, 미세먼지…그 위험성이 어디까지인지 알 수 없다.

바른먹거리운동본부에서 GMO 수입반대 및 GMO 완전 표시제 국민청원을 촉구했다. 소비자의 알 권리, 국민의 건강권을 위해 당연히 만들어져야 할 법안이다. 그러나 국회 입법에는 실패하게 되었다. 모두 거대 기업의 자본 논리에 따른 결과다.

나의 오랜 꿈 하나가 있다. 바로 우리나라 초등학교 운동장마다 장독대가 놓이는 날을 꿈꾼다. 각 초등학교마다 장독대를 만들어 간장, 된장, 고추장을 직접 담그게 하고 아이들의 급식에 이용하는 것이다. 제대로 된 발효식품인 된장, 고추장, 간장으로 모든 먹거리를 건강하게 만들 수는 없지만 최소한의 건강을 지키는 방법이라고 생각한다. 아직도 이 꿈은 버리지 않고 있다.

자연식품을 멀리하고 수많은 인공 첨가물 범벅의 음식을 매일 먹으면서 자라는 아이들은 어떤 어른이 될까. 몸과 마음이 병들고, 심신이 약해지는 것은 불을 보듯 뻔한 일이다. 동학의 교주였던 최시형이 말한 뜻을 다시금 새길 필요가 있다. "밥이 입으로 들어갈 때에 하늘을 몸속에 모시는 것"이라는 말을 기억하자.

발효식품과 장독대

 장독대 위에 정한수를 떠 놓고 천지신명과 칠성님께 기도를 올리던 옛 조상들의 모습은 점차 사라져가고 있다. 우리네 어머니들이 마치 보물단지를 모시듯, 사랑하는 자식들을 건사하듯 애지중지하던 것이 바로 장독대였다. 집안에서 어머니의 손길이 가장 많이 가는 곳이 장독대이기도 했다. 장독대는 된장, 고추장, 간장, 젓갈 등을 발효하는 항아리 단지이다. 하지만 장독대에 맑은 물을 한 대접 떠 놓고 누군가를 향해 간절히 정성을 드리는 모습은 민간신앙을 뛰어넘는 과학이라고 할 수 있다.

두 손 모아 빌며 간절하게 정성을 드리는 행위를 하던 장독대는 집안의 음식 맛의 근간이자 살림 밑천으로 여겨지는 중요한 공간이었다. 하늘에 소원을 빌던 장독대는 '기도단'이었다. 정결하게 장독대를 모신 이유는 무엇보다도 발효의 중요성과 연결된다.

오곡밥에 시큼하게 잘 익은 김치 한 조각, 갓 따온 고추를 된장과 고추장에 푹 찍어서 먹는 것은 전통적인 식생활이었다. 발효식품은 몸 안에서 발효가 되어 열을 내게 만들고 세포에 산소를 공급한다. 발효식품이 이제는 '보약'으로 여겨지고 있다. 콩

을 주원료로 한 발효식품인 된장과 간장, 고추장을 담글 때 메주를 사용한다. 전통 메주는 세포막을 재생시키고, 피로회복을 돕고, 신진대사를 원활하게 해 주며, 식이섬유가 풍부하다. 각종 만성질환이나 성인병까지 치유시켜 주는 최고의 식품이다. 여기에는 옛 조상들의 삶의 지혜가 총체적으로 담겨져 있다.

이제 '장 담그기'는 국가무형문화재로 지정되었다. 장을 담그는 것은 전 세계에서 유일무이한 우리의 문화유산이다. 콩을 발효한 성분이 인간의 몸을 이롭게 만든다. 재료를 준비하여 장을 만들고 발효시키는 전반적인 과정 자체가 무형문화이다.

공장에서 가급적 빠른 시간 안에 만들어진 된장과 간장 등을 음식에 사용하면 안 된다. 전통방식으로 만들어진 장은 만드는 시간도 오래 걸릴 뿐더러 발효의 효능이 고스란히 담겨 있는 생명의 음식이다.

초등학교에 장독대를 부활해야 한다고 강력히 주장했다. 전통음식이 사라진다는 것은 문화와 정체성의 위기다. 우리 땅에서 나고 자란 것을 먹으면서 생명을 유지해야 한다. 수입농산물이나 GMO와 같은 식품은 점차 우리 몸에 독소를 쌓이게 한다. 각종 첨가물과 공해, 농약으로 범벅이 된 음식이 밥상을 차지하면서 사람의 성질마저도 변화시켰다. 급하고 공격적이며 감정 기복이 심한 것도 어느 정도는 먹는 것에서 기인한다. 매일 통조림, 레토르트 식품 등과 같은 가공식품을 먹는다고 생각해보자. 신선한 채소와 발효식품이 아닌 가공식품은 소화, 흡수되는 과정에서 일산화탄소를 발생시킨다. 체내에 산소가 부족하고 독소가 쌓인다. 점차 신진대사가 안 되면서 갖가지 이상을 겪게 된다. 장기는 힘을 잃고, 병균에 대한 저항력도 약해져 허약체질이 된다. 몸의 저항력도 떨어지게 마련이다.

아이들은 특히 전통식품, 발효식품을 많이 먹어야 한다. 건강한 먹거리에 대한 고민 없이 혀만 즐겁게 하는 자극적인 음식으로는 다음 세대를 온전히 키울 수 없다. 예닮곳간을 만들고자 한 이유도 제대로 된 바른 먹거리에 대한 철학을 지키고자 함이다. 한과라는 전통과자에 직접 만든 발효진액을 첨가하는 것, 효모와 같은 미생물의 발효작용을 이용하여 만든 발효식품은 코로나 시대를 이기는 비결이기도 하다. 웰빙과 건강에 대한 관심이 높아지는 요즘 예닮곳간의 한과가 인기를 얻는 것은 당연한 일이다.

20년 가까이 발효 공부를 하면서 여러 가지 연구와 실험을 했다. 40억 가까이 투자한 발효공장은 시대를 앞서간 선택이었다. 인간의 몸에 이로운 것이 무엇일까를 고민했을 때 주저 없이 선택한 것이 발효식품 연구소였다. 비록 돈을 벌지 못하고 어려움을 겪긴 했지만 훗날 한과 사업을 하는 데 나만의 특별한 비법을 더할 수 있게 되었다.

발효를 하면서 작용하는 미생물의 효능은 어느 것 하나로 딱 꼬집어 말할 수 없다. 현대의학으로 정확히 설명할 수 없는 모호한 부분이 있다. 치료약은 아니지만 발효식품만으로 충분히 우리의 몸을 이롭게 살릴 수 있다. 그것을 경험한 사람들은 발효식품의 소중함을 온몸으로 느낀다. 그렇지만 발효식품이 없이도 살아가는 데 문제가 없다고 주장하는 사람도 있다. 어떤 것을 먹든, 먹지 않든 개인의 선택이다. 하지만 인간의 몸은 내가 먹는 대로 만들어진다.

서양의학에서는 몸을 부분적으로 해석한다. 아픈 곳의 증상에 따라 병명을 만들고 붙였다. 몸을 기계의 부속처럼 다루며 국부 치료법을 쓴다. 하지만 우리 몸은 전체적이고 유기적인 생명체다. 분석의 대상이 아니라 조화와 균형을 추구해야 한다. 일시적인 증상 치료보다는 심신의 조화로움을 찾으며 스스로 병을 알고 이겨나가야 한다. 자연치유력을 높이며 몸을 회복할 필요가 있다.

오래전 장을 담그시던 어머니의 모습을 떠올려보면 경건하고 엄숙한 표정이 기억난다. 아마도 장을 담그는 것이 가족의 생명과도 직결된 일이었기 때문이리라. 장을 통해서 집안의 역사를 잇고, 생명을 이어나가도록 만들었다. 한과 사업을 시작한 것은 어쩌면 '우연'이 아니라 '운명'이었을지도 모른다.

콩나물국 한 그릇으로 이어진 인연

예닮곳간을 찾는 고객들이 내게는 참으로 소중하다. 그러나 그보다 더 소중히 여겨야 할 사람은 누굴까. 바로 '직원'이다. 그들은 함께 일하는 식구 같은 사람들이다.

'손님은 어쩌다 한 번씩, 아니면 평생 한 번만 만날 수 있는 사람이지만 직원들은 매일 나와 얼굴을 맞대는 사람이지. 직원들에게 잘 하는 것이 장사를 오래 하는 데 중요한 일이야.'

이렇게 속으로 다짐한다. 직원을 위해야 장사가 잘 되고, 그래야 맛있는 한과가 만들어지고, 그래야 고객들도 마음을 느낀다.

모든 직원들이 내 가게처럼 열심히 일하지는 않는다. 그렇지만 조금씩 스며들 듯이 기다려주면 된다. 지금 가장 일을 열심히 하고 계시는 분은 평생 목사 사모로 헌신하며 사역하셨던 분이다. 직장을 다니면서 돈 버는 일이 아니라, 교인들을 위해 봉사하고 목사님을 도와 교회를 꾸려나가셨던 분이다. 연세도 많으시다.

예닮곳간을 심곡항에서 처음 열었을 때 어려움이 있었다. 주변 상인들의 민원이 발생하면서 피곤하기까지 했다. 장사가 잘 되는 예닮곳간을 보며 질투 아닌 질투를 하면서 민원을 넣었다. 불법적인 일이나 규정에 어긋나는 일을 한 번도 하지 않았음에도 불구하고, 사람들은 예닮곳간을 미워했다. 심곡항 바다부채길에서 가장 장사가 잘 되는 곳을 곱게 볼 리가 없었나 보다.

하도 답답해서 동네에 있는 노인 회장님을 찾아

갔다. "혹시 이 동네에 목사님 안 계세요?"라고 물었다. 산꼭대기에 교회가 있다고 알려주셨다. 일이 끝나고 목사님을 찾아갔다. 너무 배가 고파서 교회에 있는 사택에 들어가자마자, "사모님, 밥 좀 주세요" 하면서 무턱대고 밥을 달라고 했다.

아니, 생판 모르는 사람이 찾아와 어떤 설명도 없이 "배고프니 밥 좀 주세요"라고 하는데 이상하게 생각하지 않았을까. 그런데 아무런 질문도 없이 금방 밥을 차려 주셨다. 콩나물국에 김치, 반찬 한두 가지가 전부인 소박한 밥상이었지만 정말 맛있었다. 콩나물국은 어머니가 만들어주신 그 맛이었다. 국물까지 다 마셔 버렸다. 남김없이 밥 한 공기를 뚝딱 비웠다. 그 이후로 몇 번을 더 찾아갔다. 별다른 얘기도 하지 않고, "저 밑에서 과자 장사해요"라는 말만 했을 뿐이다. 하소연을 하거나 해결해달라는 것도 아니었다.

어느 날 갑자기 찾아가서는 "사모님, 저랑 같이 과자 만드실래요?"라고 했다. 한과를 만들고 파는 일을 같이 하자고 손을 내밀었다. 어떤 계획이 있었던 것도 아니다. 그때 순간적으로 생각난 말을 했을 뿐이다. 다음 날부터 이명숙 사모님은 예닮곳간에서 함께 일하게 되셨고, 3년째 성실히 직원으로 일하신다.

알고 보니 사모님은 오랫동안 기도해오셨다고 한다. 일 좀 하게 해 달라고…정말 살기 힘들고, 돈이 없어서 경제적으로 어렵게 지내셨다. 정기적인 수입이 없이 은퇴한 원로 목사가 살아가기는 어려운 일이다. '경제적인 활동을 해 보지 않은 사람이 과연 장사를 할 수 있을까?'라는 의심은 하나도 없었다. 그냥 무조건 손을 내밀었다. 오히려 "저를 도와주세요"라고 부탁드린 셈이다.

"40년 넘도록 집에서 나가고 싶었어요. 평생 돈 버는 일을 해 본 적이 없어서 일하고 싶었어요" 하면서 사모님은 일하게 된 것을 감사히 여기신다. 하나님의 기도 응답이 예닮곳간을 통해서 이뤄졌다고 하시면서 기적 같은 일이라고 하신다.

 심곡항에서 강릉 중앙시장으로 가게를 이전한 후 출근길이 더 멀어지셨다. 그래도 바닷길을 따라 한 시간씩 버스를 타고 오가는 길은 여행길처럼 즐겁단다. 매일 바다를 보고, 일터에서는 신명나게 하루 종일 일하고, 하루의 노동에 대한 정직한 대가를 얻고…몸도 마음도 건강해지는 일이란다.

 "이렇게 행복한 일을 나이 65세에 얻었다는 것이 얼마나 감사한지 몰라요."

나누기 위해
법니다

 '예닮곳간'을 만든 이유는 사람에게 이로운 일을 하기 위함이다. 어떻게 하면 사람을 살리고 이롭게 할까. 몸을 이롭게 하기 위해 건강한 먹거리를 만들고, 삶을 이롭게 하기 위해 더 많이 나눈다.

 집안 형편이 좋지 않아 항상 어려움이 컸다. 그렇기에 어려운 사람들의 처지를 잘 안다. 가난은 누구의 탓도 아닌데 현실적으로 고통에 처한 사람들을 보면 마음이 아프다. 지금이야 굶는 사람들이 없지만 여전히 먹고 사는 일은 삶의 가장 큰 고통이다. 적어도 먹거리 사업을 통해 먹을 것을 나눌 수 있다

는 것만으로 얼마나 행복한지 모른다.

한국판 탈무드라 불리는 《무지개 원리》라는 책을 쓴 차동엽 노르베르토 신부는 행복하고 성공적인 삶을 살기 위한 7가지 원리를 이야기했다. 평범하고 쉬운 것이 진리다. 진정으로 자신의 삶이 나은 방향으로 나아가기 위해서는 작고 평범한 진리를 현실에서 실천해야 한다.

1) 긍정적으로 생각하라
2) 지혜의 씨앗을 뿌리라

3) 꿈을 품으라

4) 성취를 믿으라

5) 말을 다스려라

6) 습관을 길들이라

7) 절대로 포기하지 마라

이러한 일곱 가지 색깔의 무지개 원리는 모든 사람들이 마음에 품어야 할 태도라 할 수 있다. 무지개가 사람들에게 희망과 꿈을 심어주듯이 한 사람의 삶이 무지개가 될 수 있다. 《무지개 원리》에서는 "주는 것이 살아 있다는 증거다"라고 말한다. 주는 사람뿐만 아니라 받는 사람에게도 축복이다. 복을 유통하는 사람, 선행을 베푸는 사람이 되는 것 자체가 축복이다. 주는 것이 복이라는 말은 절대 틀리지 않다. 세상에서 가장 귀한 것은 생명이기 때문이다. 생명을 살리는 일이 가장 가치 있는 일이며, 생명을 이롭게 하는 일이 복을 부르는 일이다.

예닮곳간의 수익은 나 혼자 배불리 먹고 살기 위

한 것이 아니다. 이름을 언급할 수는 없지만, 여러 명의 학생들에게 장학금을 나누고 어려운 곳에 후원을 하고 있다. 대단한 사업가에 비하면 기부 금액을 내세울 수 없지만 조금씩 힘든 사람들을 돕고 있다. 또한 '나를 찾아오는 모든 사람들에게 밥을 나눈다'는 신조를 갖고 있다. 강릉 연곡에 있는 집은 수련관으로 만들어 쉼과 힐링이 필요한 사람들에게 머물 곳도 나눈다. 물론 아무나 먹이고 재우는 곳은 아니다. 마음과 몸이 아프고 특별히 치유가 필요한 사람들을 위해 공간을 만들었다.

2016년에 개봉한 영화 '오두막'을 보면서 많은 생각을 했다. 폭력적인 성향의 아버지 밑에서 자란 주인공 맥은 폭력적인 사람이 되어 많은 사람들에게 슬픔과 상처와 상실감을 주면서 피폐한 인생을 산다. 그러다가 막내딸은 유괴를 당하고 시신으로 발견되는 사건이 발생한다. 절망 속에 살던 맥에게 어느 날 편지 한 통이 날아온다. 딸아이가 죽었던 '오두막'에서 비로소 용서와 치유가 일어나며 회복된다.

"당신은 중요해요. 당신이 하는 일 모두…당신이 사랑하고 용서할 때마다 친절한 행동 하나하나가 우주를 더 낫게 변화시키죠."

바로 한 사람 한 사람의 영혼이 소중하다는 의미다. 그 소중한 생명들이 작은 사랑을 조금씩만 베풀어도 이 세상은 더 나은 곳이 된다. 단순히 얼마를 기부하고 몇 명을 돕는다는 것이 중요한 게 아니다. 그저 지금 있는 그곳에서 나의 일을 통해 누군가의 생명을 이롭게 하는 일에 동참한다는 마음가짐으로 살아가면 된다.

멈추어야 할 때를
아는 것

젊을 때는 무조건 직진만 했다. 앞으로 빨리 나아가는 것이 최고가 되는 길이라고 생각했다. 안 되는 것도 어떻게든 되게 만들었다. 故 정주영 회장의 유명한 어록 "이봐! 해보기나 했어?"라는 말을 가장 좋아했다. '하면 된다', '길이 없으면 길을 만들어라', '시련은 있어도 실패는 없다'라는 의미를 철저하게 적용했다. 그렇게 남들보다 앞서 나가면서 뭐든 하고자 하면 성공할 것이라고 믿었다. 물론 어느 정도 맞아 떨어진 적도 많다.

실행력 하나는 최고였기 때문에 뭐든 '빨리빨리'

결정하고 시도했다. 그렇게 전진만 했던 삶을 사느라 되돌아보는 시간이 절대적으로 부족했다. 삼십대에 시작한 사업은 영원히 무너지지 않을 것 같았고, 나만의 거대한 성을 구축할 수 있을 것이라고 믿었다.

1990년대 초반에 전자 회사를 만들었는데 5년 만에 공장을 4개로 늘렸다. 미국에서 제품 주문을 받고 물량을 만들어낼 수 없으니까 급조해서 공장을 만들었다. 45일 만에 공장을 짓고, 주문받은 제품을 만들어내고, 납품하기도 했다. 어떻게든 주문을 받으면 약속을 지키려고 했다. 기업의 오너로서는 신용을 지키는 일이었지만 회사의 장기적인 측면에서 보았을 때는 무리한 일의 연속이었다.

정신없이 회사 인수 합병까지 했다. 심지어 친한 사장님과 밥을 먹던 중에 "사장님, 천안에 회사가 하나 나왔는데, 인수하실래요?"라는 제안을 하면 즉각 실행했다. 찬찬히 생각하고 결정할 겨를이 없었다. 다음 날 바로 명의이전까지 해버리고 인수한 적도 있다. 인수한 회사의 직원들은 얼마나 황당했을까. 하루아침에 회사의 대표가 바뀌어 버리고, 자신들이 일하던 곳이 다른 회사가 되었으니…미리 언급한 바도 없이 말이다. 그런 상황을 일일이 생각하고 배려할 틈도 없이 불도저같이 밀어붙이기만 했다. 뭐든 속전속결이었다. 1960년대에 태어나 1970년대, 1980년대를 거치며 1990년대를 살아갔던 나에게 최고의 미덕은 '빠른 성장'이었다. 성장하는 인생이 아니면 죽은 것이나 다름없었다.

열정적으로 앞으로 나아갔던 인생은 하루아침에 무너져 내렸다. 돈에 대해서 투명했고, 비리가 하나도 없었지만 나의 관리 능력 밖의 일까지 일일이 신경 쓸 수가 없었다. 직원이 가장 많을 때는 340명까지 있었는데 버는 만큼 지출도 컸다. 규모가 커지면서 감당할 수 없는 액수의 돈이 나갔다. 계속적으로 사업은 커져갔지만 여유자금이 없이 굴러가면서 쓰나미 같은 사고가 생겨버렸다. 내 힘으로 버틸 수 없는 규모의 일이었다.

뒤돌아볼 여유도 없이 살아갔던 시간이 결코 헛되지는 않다. 그렇지만 모든 것을 다 잃고 나서 배운 교훈이 있다. 사람은 멈춰야 할 때를 알아야 하며, 느리게 돌아가는 길도 있다는 사실이다.

때를 아는 지혜가 있어야 한다. 떠날 때 떠나지 못해 엉거주춤 머물러 있는 모습은 민망하다. 가을인 나이에 봄 나이처럼 살려고 하면 꼴불견이다. 자연의 변화는 모두 질서 속에 있다. 이제야 알게 되었다.

> 전 3:1 "범사에 기한이 있고 천하 만사가 다 때가 있나니."

솔로몬이 노년에 쓴 책인 '전도서'는 지혜의 책이다. 누릴 것을 다 누려보고, 가질 것을 다 가져본 사람이었던 솔로몬이 나이가 들어서 남긴 책이다. 날 때가 있으면 죽을 때가 있고, 심을 때가 있으면 뽑을 때가 있고, 헐 때가 있으면 세울 때가 있고, 울 때가 있으면 웃을 때가 있고, 지킬 때가 있으면 버릴 때가 있고, 찢을 때가 있으면 꿰맬 때가 있다는 것이다. 인생을 살아가면서 그 무엇보다도 중요한 것은 때를 아는 것이다.

자연의 사계절 가운데는 나쁜 계절이 존재하지 않는다. 다만 내가 살아가는 지금이 어느 계절인지 분별하는 것이 중요하다. 지금 나는 인생의 가을을 지나며 겨울을 준비하는 때인 것 같다. 씨를 뿌릴 때가 아니라 맺은 열매를 나누어야 할 때이다. 필요한 사람에게 나의 것을 나누어야 할 때라는 것이다. 사업을 키우고 늘리기보다는 적은 것으로 행복하게 사는 법을 배우고, 가진 것을 더 많이 베푸는 때이다.

때가 맞지 않았는데 무리하게 결정을 내리고, 멈춰야 할 때에도 앞으로만 나아갔던 시절은 누구에게나 존재한다. 그것이 교훈이 되기 위해서는 되돌아보는 성찰의 시간이 필요하다. 반성하는 힘, 지나간 일들을 고찰하는 힘 말이다.

오후 5시면 퇴근시간

"왜 한과 종류가 한 가지에요? 오란다는 예쁘게 포장 안 해주시나요?"라고 질문하는 손님들이 있다. 손님들마다 취향이 제각각이기 때문이다. 모든 사람들의 요구를 일일이 다 맞출 수 없다. 장사를 하면서 '지속 가능성'을 생각해야 한다. '꾸준히 오래 할 수 있는 일인가? 매일 맛의 퀄리티를 유지할 수 있는가? 재고가 늘어나거나 원가 부담이 커지지는 않는가?'와 같은 질문을 스스로에게 던지게 된다.

한도 끝도 없이 매출을 높이기 위해 직원들을 고생시키고, 밤늦게까지 야근을 하면서 장사를 할 이유는 없다. '오늘따라 손님이 많은데, 밤 10시까지 열어볼까?'라는 생각으로 들쭉날쭉 장사하면 안 된다. 자신만의 신념에 따라 정해진 룰을 지키는 것이 필요하다.

오후 5시면 마감을 하고, 직원들을 퇴근시키기
마감 후 청소와 아침 청소는 직접 하기

작은 매장이라고 해서 주먹구구식으로 장사하지 않는다. 많은 원칙을 세우지 않고, 단 두 가지 약속을 나에게 당부하고 지키는 것이다. 경험이나 능력이 조금 부족해도 기본적인 것을 철저하게 지킬 때 성장한다. 회사든 개인이든.

MBC 방송 프로그램 '나 혼자 산다'에서 김연경 배구선수의 일상을 본 적 있다. 군더더기 없이 깔끔한 거실과 주방과 침실 등은 흐트러짐 하나 없었다. 집 안 구석구석 청소를 하며, 여행 짐가방을 꺼내어 정리정돈했다. 심지어 티셔츠를 접을 때는 각을 맞추어서 접고, 채도나 명도에 따라 옷을 정리하는 것을 보고 시청자들이 놀라워했다. 김연경 선수는 "주변 정리가 잘 돼야 운동에 집중할 수 있다"고 인터뷰에서 말했다. 진정한 '정리 여제'의 모습을 보여주었다.

김연경 선수는 초등학교 4학년 때부터 배구를 시작했고, 고등학교 3학년 재학 중 흥국생명에 입단을 했다. 그리고 2009년 일본 마블러스 입단, 2017년 중국 여자 프로배구 리그, 2018년 터키 리그 입단 등 세계적인 선수로 활동하고 있다. 어린 시절 작은 키로 시련을 겪긴 했지만 좌절하지 않고 최선을 다했다. 무릎 수술을 세 차례나 받고, 뼈를 깎는 고통스러운 재활치료까지 이겨내면서 대한민국에서 '100년에 한 번 나올까 말까' 한 선수가 되었다.

정리와 같은 기본적이고 사소한 습관은 인생의 큰 부분을 차지할 때가 있다. 뭔가 일이 잘못되어 가고 있다면 기본적인 것들을 점검해 볼 필요가 있다. 매장 청소 중 무엇보다도 화장실 청소는 내 손으로 직접 하고 있다. 절대 직원들에게 시키지 않는다. 변기를 자기 손으로 직접 닦으며 궂은일을 스스로 할 때 의식이 바뀐다. 뭐든 소중히 여겨야겠다는 생각이 싹튼다.

우리 집에는 진공청소기가 없다. 아날로그적인 방법으로 청소를 한다. 빗자루로 쓸고 물걸레질을 한다. 몸을 움직이고 귀찮은 일을 할 때 오히려 건강해진다. 몸과 마음의 반듯함을 유지할 수 있다.

이 단순한 행위가 삶 전체를 지배할 때가 있다. 극히 당연한 것들을 철저하게 이행할 때 다른 모든 것들이 소중하게 다가온다. 스피드, 효율성, 능력 등은 부차적이다. 작은 일도 멋지게 해낼 때 나를 감탄시키며 느껴지는 감동이 있다. 나를 감동시키는 사람이라면 세상 어떤 사람이라도 감동시킬 수 있지 않을까.

예닮곳간 과자는 맛있는 꿈입니다.

4장
오늘부터 장사는 이렇게

감태 오란다

유자청 오란다

현미과자

손님도
사람이기에

 혹시 식당에서 밥을 먹다가 머리카락이 나오거나 이물질이 나온 경우가 있는가? 어떤 이는 그냥 모른 척하고 넘어가기도 하고, 어떤 이는 직원을 불러 화를 씩씩 내며 말하기도 한다. 음식의 모양과 맛도 중요하지만 청결은 진짜 중요한 문제다. 아무리 깨끗하게 조리실을 청소하고, 항상 재료를 점검하지만 조리 과정에서 실수는 누구나 할 수 있다. 그렇지만 손님들이 일부러 컴플레인을 만들 때도 있다.

"아니, 여기 한과 먹다가 이가 부러졌잖아? 치료비 어떻게 할 거야? 보상해 달라고!"

일주일 뒤에 찾아와 이렇게 막무가내로 말하는 손님이 있었다. 나이든 할머니였고, 고집스러움이 얼굴에 묻어나 보였다. 한과를 먹다가 이가 부러졌다고? 어처구니없는 반응이었다. 사실 예닮곳간의 한과와 오란다는 모두 부드러운 식감이다. 이가 부러질 만큼의 강도와 세기가 아니다. 정말 딱딱하게 만들어 이가 부러질 정도의 과자가 아님에도 손님이 생떼를 쓰면 어떻게 해야 할까.

머리카락이 들어갔다거나 이물질이 들어간 것이라면 당장 사과하고 환불해드리거나 새 제품으로 교환해 드릴 수 있었을 것이다. 하지만 한 번도 그러한 일이 발생하지 않았기에 이가 부러졌다는 말은 믿을 수 없었다. 갑자기 번뜩 아이디어가 떠올랐다.

"할머니, 혹시 한과 여기서 사신 거 맞아요? 일주일 전 CCTV를 돌려보면 다 나와요. 제가 할머니한테 판 적이 없는 것 같은데, 확인해 볼게요"라고 말했다. 어물쩡거리는 모습이 수상했다. 할머니는 "여기가 아닌가?" 하면서 꼬리를 내리듯 말하면서 자리를 떠났다. CCTV로 확인하겠다고 말하니 속으로 뜨끔한 것이다. 거짓말은 쉽게 들통나기 마련이다. 누군가를 속이고 해치겠다는 마음을 가진 사람들은 어디에나 있다. 이럴 때 재치와 순발력을 발휘할 필요가 있다.

당시 예닮곳간 매장에는 CCTV가 없었다. 혹시라도 이런 손님들이 또다시 발생할지 몰라 걱정되었다. 모형 CCTV라도 갖다 두어야겠다는 생각을 했다. 그 이후 진상 고객들은 한 명도 없었다. 한과를 먹고 이가 부러졌다고 말하는 할머니에게도 과자를 나눠드렸다. 얼마나 살기가 팍팍하면 뭐라도 얻어 볼까 하는 마음에 그런 행동을 한 것일까. 이해하기 어려운 일도 이해를 하겠다는 마음을 먹으면 조금은 알게 된다. 인간 자체가 악하고 나쁜 것은 아니다. 살다 보면 우리는 잘못된 선택을 할 때가 있을 뿐이다.

가끔 오랫동안 줄을 서서 기다려야 할 때도 있다. 순식간에 만들어 둔 한과와 오란다가 동이 나 버리면 정신없이 만들어야 한다. 직원들이 눈코 뜰 새 없이 바쁘게 매장이 돌아가고, 손님들이 한꺼번에 몰리는 순간 오랫동안 줄을 서서 기다릴 때도 있다. 오히려 바쁠 때 여유를 가져야 한다. 한참 동안 기다린 사람들에게는 "감사합니다. 고맙습니다"라는 말을 잊지 않는다. 사실 기다려 주신 손님들께 얼마나 감사한 일인가.

어떤 경우든 손님 입장에서 먼저 생각해 보는 게 기본이다. '강릉에 여행 와서 유명한 맛집을 찾아온 사람들일 텐데 기다리느라 지치고 지루하지 않을까. 나라면 어땠을까?'라는 생각을 해 본다. 기다리고 있는 손님들에게 무성의한 태도를 보이거나 짜증나는 표정을 보인다면 손님은 그 마음을 금방 알아챈다.

"기다리느라 힘드셨죠. 불편하셨을 텐데 기다려 주셔서 감사합니다. 여기 바로 나온 오란다 맛 보세요" 하면서 한 움큼 나눠드리고, 먹어 보라고 건넨다. 손님과 눈을 맞추고 공손한 자세로 말이다. 조금 엉클어졌던 마음이 풀어지면서 과자 한 입에 기분이 좋아지는 사람들을 보면서 또다시 흥이 난다.

'그때 강릉 예닯곳간 사장님은 참 친절하셨어' 혹은 '기다리는 게 하나도 아깝지 않은 곳이었지'라는 기억을 남겨 드리면 충분하다. 또다시 찾을 수는 없다고 하더라도 좋은 기억을 갖게 된다면 사람과 사람 사이의 인연은 어떤 방식으로든 이어질 수 있다고 믿는다. 손님을 어떤 마음으로 응대하느냐에 따라 진짜 손님, 진짜 인연으로 만들 수 있다.

설명하지 말고
대화하기

 "아~ 예, 이 한과로 말할 것 같으면 3대째 내려오는 비법 조청에다가 제가 20년간 발효연구를 하면서 제조한 발효진액을 첨가하여 당뇨병, 혈압, 성인병, 노화에 좋은 물질이 들어 있으며…암 환자들도 먹을 수 있는 건강한 발아현미가 주재료인데, 이것은 씨눈이 그대로 살아 있는 영양성분이며…"

 혹시 이런 말을 듣는다면 제품을 사고 싶은 마음이 드는가? 뭐가 어떻게 좋다고, 대단하다고 설명하는 말을 들으면 사실 귀를 닫게 되는 경우가 많다. 때와 장소에 따라서 사람들은 자신이 듣고 싶은 말만 듣는다. 설명하는 정보가 많을 때 오히려 선택장애를 일으킬 때가 있다. 그렇다고 "무조건 좋아요, 사세요" 혹은 "싸다 싸"라는 말도 좋은 것은 아니다. 장사에도 공감의 대화가 필요하다.

음식은 무조건 맛있어야 한다. 사람들의 입맛을 사로잡는 맛. 그것이 본질이다. 나도 너도 함께 먹어서 맛있다고 하는 보편적인 맛이 있다. 그렇기 때문에 줄을 서는 맛집, 대박 나는 맛집이 있는 것이다. 나만의 음식만을 내세우고 자랑하기보다는 손님들이 어떻게 받아들일지 생각하면서 그들을 주인공으로 만들어야 한다. 내가 만드는 한과, 오란다는 나를 위한 것이 아니다. 바로 손님들을 위한 것이다.

예닮곳간은 한 번도 광고를 해 본 적이 없다. 손님들이 사 먹고 좋아하는 것 자체가 광고다. 강릉은 관광지이기 때문에 재래시장 역시 관광을 위해 온 손님들이 대다수다. 그렇기에 유명 블로거나 유튜버들도 자주 찾는다. 간혹 "유튜브 광고를 ○○원에 찍어드리겠습니다", "제가 파워블로거인데, 광고비 ○○원에 올려드릴게요", "신문 광고 게재하는 데 ○○원입니다"라고 말하면서 다가오는 사람들이 있다. 시장에 있으면 정말 별의별 사람들이 다 온다. 흔한 광고 한 번 없이도 장사를 잘해 왔는데, 돈을 쓰고 SNS 홍보를 할 필요성을 느끼지 못한다.

바로 인근에 위치한 매장은 한 달 광고비로 천만 원 상당을 쓴다고 들었다. 끊임없이 광고 노출로 검색 엔진 상위 항목에 뜨도록 한다. 그러면 강릉을 여행 온 사람들이 검색하고 매장을 찾는 비율이 늘어난다. 그렇게 광고비에 매달 돈을 쓰는 대신 음식의 질을 높이고, 서비스를 향상시키는 게 낫지 않을까. 하지만 돈을 쉽고 빨리 벌기 위해서는 광고비를 높여야 한다는 생각을 버리지 않는다. 광고비를 지출하는 것보다 예닮곳간을 찾는 사람들이 자발적으로 '맛있다'고 느끼게 하는 것이 장기적으로는 효과가 크다고 믿는다.

정작 내가 하고 싶은 말을 손님들이 대신 해 줄 때가 있다. 기다리는 손님들끼리의 대화다.

"여기는 한과도 맛있구요. 오란다는 유자청이 들어가서 다른 데랑 맛이 정말 달라요. 한과는 기본으로 사시고, 오란다도 두 개는 사셔야 돼요."

"저는 한 달에 한 번 강릉 오는데, 꼭 이거 사가요."

"시식으로 먹다가 반해서 다시 사러 왔어요."

이렇게 손님들끼리 시식용 한과를 먹으면서 대화를 나누기도 한다. 그들의 대화를 듣다 보면 역시 좋은 재료와 진정성 있는 태도는 저절로 사람들의 마음을 사로잡는다는 걸 알게 된다. 장사는 내가 원하는 것을 주는 일이 아니다. 사람들이 원하는 것을 주어야 한다. 장사도 본질적으로 인간관계다. 마음을 움직이는 일이 되어야 한다. 음식으로 어떻게 마음을 움직일 수 있다는 걸까? 먹는 것을 매개로 한 관계는 끈끈해질 수밖에 없다.

아. 참고로 나는 함께 일하는 직원들을 모두 식

구로 여긴다. 사실 식구나 다름없다. 집에서는 잠만 자고, 가족들과 얼굴 보는 시간도 짧다. 그렇지만 함께 매장에서 하루 종일 얼굴을 맞대고 밥을 먹고 장사를 하면서 부대낀다. 그렇다면 식구 아닌가. 같이 밥을 나누는 사이가 될 때 정이 생기고, 마음을 알게 된다. 사장의 마음, 직원의 마음, 그리고 손님의 마음은 한과로 오묘하게 이어진다.

인성 교육으로
한과 프로그램 어때?

　우리나라 전통과 문화에 관심이 많은 나는 꼭 아이들에게 한과 만드는 교육을 하고 싶다. 초등학교에서 인성 교육 프로그램으로 한과 만들기 체험을 하면 얼마나 재미있을까 상상만 해도 신난다. 새로운 것을 찾고 서구적인 것에 열광하는 요즘, 우리는 점점 우리 것을 잃어간다. 조상 대대로 지켜온 요리 비법을 지키고 맛을 후손에게 이어주는 것은 중요한 가치다. 한과 만들기 수업을 초등학교 인성 프로그램으로 만들어볼 것을 구상했다. 한과는 대한민국을 대표하는 세계적 과자가 될 수 있다.

명인들이 만드는 한과는 고급스럽고 아름답다. 맛도 훌륭하고 만드는 공정도 정성스럽다. 그렇지만 명인들의 한과는 제작 기간만 한 달 이상 소요되며 재료비도 만만치 않다. 명인들의 한과 제조기술을 모든 사람들이 배울 필요는 없다. 비싼 수업료와 재료비 때문에 누구나 만들기는 어렵다. 한과를 세계화하기 위해서는 대중성을 확보해야 한다. 그러기 위해서 예닮곳간이 존재하는 것은 아닐까?

한과를 좀 더 쉽게 만들 수 있도록 제조 공정을 단순화시키고, 대중성 있는 재료로 만들어내면서 단가를 낮추었다. 그리고 쉽게 만들 수 있는 방법을 고안했다. 당연히 아이부터 어른까지 체험수업도 가능하다. 은은하고 질리지 않는 한과는 오래 두고 먹어도 변하지 않는 전통과자이다. 천 년을 이어온 우리 민족의 삶의 방식이 그대로 담겨 있다.

강릉에 있는 유명 호텔을 대상으로 한과 체험 사업을 제안한 적이 있다. 호텔의 경우 가족단위로 놀

러온 여행객들을 위한 놀거리가 부족하다. 한과 체험은 충분히 메리트가 있을 거라고 생각했다. 한과 체험을 호텔 상품으로 패키지화해도 좋을 것 같았다. 강릉에는 한과마을도 있고, 갈골한과체험전시관도 있다. 우리나라에서 유명한 한과 명인도 강릉에 산다. 그렇다면 좀 더 대중화된 프로그램으로 호텔에서 한과 체험을 운영하면 좋을 것이다. 발아현미쌀과 발효진액 조청으로 만든 한과는 어디에서도 맛볼 수 없기 때문이다.

그러나 호텔 담당자는 이런 제안을 받아들이지 않았다. 새로운 사업을 벌이면서 책임을 지고 싶지 않아서다. 먹거리와 관련한 체험은 호텔 같은 곳에서 예민하게 받아들일 수 있다. 그렇지만 특색 있는 강릉만의 호텔을 만들기 위해서 이런 도전적인 시도를 해 봐도 좋지 않을까.

세상에는 새로운 시도를 끊임없이 하는 사람도 있지만, 기존의 틀에서 벗어나는 것을 두려워하는 사람도 있다. 창조적인 생각과 시도는 세상을 변화시키는 것이 맞지만, 그 사람은 절대 '나'가 될 수 없다. TV나 인터넷에서만 떠드는 성공 스토리일 뿐이다.

한과 사업에만 그치지 않고, 좀 더 다양한 방식으로 한과를 알리고 싶은 마음이 크다. 기회가 된다면 꼭 인성 교육 프로그램으로 한과 체험을 모든 초등학교에 만들어보리라. 가슴속에 간직한 꿈은 선명한 이미지로 만들어져 언젠가는 그 이미지대로 살고 있는 내 모습을 발견할지도 모른다.

"요즘 유행하는 디저트가 뭔가요?"

　마카롱, 다쿠아즈, 파이, 티라미수, 와플, 크로와상, 머핀, 스콘, 수플레, 피낭시에, 크로플, 아포가토…이것은 모두 요즘 유행하는 디저트다. 마카롱이 유행하니 여기저기 마카롱집이 생기고, 와플집이 인기 있다고 하면 와플집이 늘어난다. 최근에는 와플과 크로와상이 합쳐진 '크로플'도 대유행이다. 디저트는 양식에서 식사 끝에 나오는 과자나 과일 등의 음식을 뜻한다. 요즘에는 밥을 먹고 나서도 디저트를 먹어야 하는 사람들이 늘었다. 아예 디저트 카페를 찾는다.

우리나라에도 디저트가 있었다. 바로 식혜와 약과, 한과 등이다. 한과와 오란다도 훌륭한 디저트 음식이 될 수 있다. 모든 분야에서는 트렌드와 유행이 존재한다. 유행을 따르는 것이 마냥 좋을까. 아니면 자신의 것을 고수하는 것이 좋을까.

예닮곳간을 운영하면서 중요하게 여긴 가치는 '꾸준히, 오래오래'이다. 사람들에게 사랑받는 간식을 꾸준히 오랫동안 판매하고 싶다. 사업은 긴 안목으로 보아야 한다. 달달한 것을 좋아하는 사람들은 끊임없이 새로운 디저트를 찾아 헤맨다. 어느 때는 치즈케이크, 어느 때는 티라미수, 어느 때는 마카롱 등이 인기를 끌었다.

유행에 따라 개업과 폐업을 반복하는 사업장을 볼 때면 마음이 씁쓸하다. 트렌드를 좇는 사업은 언젠가 쇠퇴의 길을 걷게 마련이다. 기본을 바탕으로 자신만의 상품을 조금씩 개발할 때 오래갈 수 있다. 자신이 만든 것을 믿고 유행에 흔들리지 않으며 자기 속도대로 나아가는 것이 중요하다. 스스로 정한 원칙에서 흔들리지 않는 마음을 유지해야 한다.

현재 예닮곳간에서 만들어내는 한과는 현미과자와 오란다 두 가지이다. 개발해 놓은 한과 메뉴는 22가지나 되지만 실제로 판매하는 것은 적다. 만약에 한 가지가 아닌 10가지 종류를 만들어 판매한다면 어떻게 될까? 다양한 구미를 만족시킬 수는 있겠지만, 쉬운 일은 아닐 것이다. 22가지 종류의 한과를 모두가 좋아할 수는 없다. 가게 앞에 줄 서게 만드는 집은 단 한 가지 메뉴를 밀고 나가는 곳이다. 수십 가지의 메뉴를 판매하는 식당의 경우 파리 날리는 것을 자주 본다. 모든 것을 다 하려다가 하나도 못하게 된다.

아무리 빨리 돈을 버는 길이 있어도 내가 정한 원칙을 지킬 때 인정받는다. 스스로 자부심도 커진다. 바람이 있다면 한과나 오란다도 '한국식 디저트'로 인정받아 많은 젊은이들에게 사랑받았으면 하는 것이다. 한과카페의 디저트 메뉴로 만들고 싶은 마음도 있다. 발효차와 같은 건강에 좋은 차와 함께 한과와 오란다를 디저트 메뉴로 내놓는다면 남녀노소 모두 좋아하지 않을까.

먼 길을 돌아서
지금 이곳에

 화려함과 호화로움의 극치라 불리는 미국 라스베이거스. 꿈과 환상이 내 눈앞에서 펼쳐지는 듯했다. 하늘에서 내리는 비도 돈줄기 같았다. 내 인생의 앞날은 금빛으로 찬란할 것 같았다. 불가능은 없다는 말은 나를 두고 하는 말이라고 여겼다. 뭐든 시도하고 도전하면 다 이뤄졌던 시기다. 세상 두려울 것 없었던 나이였다.

 가장 화려한 라스베이거스의 호텔에 앉아 두근거리는 가슴을 주체할 수 없었다. 거대한 미국이라는 대륙이 나의 무대라고 여겼다. '정말 미국은 기회의 땅이구나'라는 생각으로 눈이 멀 지경이었다.

세계 소비 가전쇼가 펼쳐지던 라스베이거스 박람회장에서 잔뜩 오더를 받았다. 한국의 대기업도 아닌 작고 보잘것없어 보이는 회사에서 만든 물건에 관심 있는 미국 회사들이 많았다. '역시 큰 물에서 놀아야 하는구나' 하고 생각하면서 수많은 계약을 따냈다.

'역시 우리 회사에서 만든 것은 한국보다 미국처럼 큰 곳에서 팔리는구나. 공장을 넓히고, 직원도 더 뽑고, 새로운 회사도 인수해야겠다.'

머릿속으로 앞으로 펼쳐질 일에 대해 끝없이 그림을 그려갔다. 제대로 영어도 못하는 나는 라스베이거스 박람회장에 가서 자신감 있고 당당하게 나의 제품을 소개하고 알렸다.

당시 만들었던 제품은 비디오다. 지금이야 스마트폰 하나면 실시간으로 영상을 주고 받고 최신판 영화도 금방 스트리밍 서비스로 볼 수 있다. 하지만 그때는 비디오 테이프 플레이어가 있어야 비디오 테이프의 영상을 볼 수 있던 시절이다. 1990년대와 2000년대 초반까지 비디오 테이프 플레이어는 영상물을 볼 수 있는 중요한 전자기기였다.

대기업이 만든 제품이 있었지만 우리 회사가 연구 개발한 것은 차량용과 가정용을 겸하여 사용할 수 있는 것이었다. 자동차에 장착하는 비디오 테이프 플레이어를 떼였다 붙였다 하면서 집에서도 쓸 수 있도록 만들었다. 일석이조의 신박한 기계라고나 할까. 미국인이 정말 좋아하는 시스템이었다. 어떻게 영업을 했는지 기억도 나지 않지만 들이대는 무모함으로 얻어진 행운 같은 일이었다.

'beginner's luck'(초심자의 행운)이라고 해야 할까. 이는 새로운 것을 처음 하게 될 때 뜻밖에 맞게 되는 행운이나 성공을 뜻한다. 사업 초기에 이뤘던 모든 행운과 대박 같은 일들은 영원하지 않았다. 30대에 시작한 사업은 40대 중반 완전히 바닥을 쳤다. 돈을 버는 데는 시간이 걸리지만 잃는 것은 한순간이었다. 순식간에 사기를 당하고 믿었던 사람들에게 뒤통수를 맞았다. 어떻게든 회사를 살려보겠다는 마음에 자금 융통을 위해 사채도 썼다. 워낙 덩치가 큰 사업체라서 매달 치러야 할 돈이 끝도 없었다. 변호사와 머리를 맞대고 남은 회사라도 살리길 원했다. 법적인 문제를 해결하고, 자금을 해결하느라 정신없었다. 모든 문제를 내 힘으로 헤쳐 나갈 수 없기 때문에 자금 쪽은 관리이사에게 맡겼는데 그것이 잘못되었다. 사람에 대한 상처와 돈으로 인한 상처가 한꺼번에 몰려왔다.

나의 젊은 시절은 그렇게 끝이 났다. 벼랑 끝에 선 나는 내 안에 모든 것을 날려보냈다. 내가 내세운 것들, 자존심, 평가, 친구, 화려함, 가족, 돈…모든 것들이 사라졌다.

누구든 잘나가는 시기가 있다. 인생 최고의 시절에는 스스로 바닥을 경험하게 될 것이라고 생각하지 않는다. '나는 무조건 잘 되는 사람'이라는 자신감이 치솟기 때문이다. 변화를 인지하기 쉽지 않다.

미래를 준비하고 계획하는 것보다 현재 만족감이 크기 때문이기도 하다.

경영학에서 말하는 '깨진 유리창 법칙'이라는 것이 있다. 깨진 유리창 개념은 원래 범죄 현상을 주로 다루던 범죄학자 제임스 윌슨(James Q. Wilson)과 조지 켈링(George L. Kelling)이 1982년에 만든 개념이다. 1980년대 중반에 뉴욕시는 급속도로 빈민굴처럼 변질되면서 범죄 발생률이 높아졌다. 그런데 1995년에 뉴욕 시장에 취임한 루디 줄리아니(Rudy Giuliani)는 강력한 의지를 가지고 뉴욕시 정화 작업에 돌입했다. 먼저 뉴욕시 주요 거점에 CCTV를 설치해 낙서한 사람들을 끝까지 추적했다. 또 지하철 내부 벽을 깨끗하게 청소하고 범죄를 집중 단속하기 시작했다. 시 정부의 강력한 의지를 거듭 확인한 뉴욕 시민들은 자신들의 과거 행태를 바꾸기 시작했다.

주위 환경이 전체적으로 더럽다면 사람들은 오

물을 쉽게 버린다. 하지만 주위가 깨끗할 때에는 그러지 못한다. 자신의 부적절한 행동이 다른 사람들에 의해 쉽게 들통나기 때문이다. 이처럼 설득력 있는 '깨진 유리창 법칙'은 일반 사회 현상뿐 아니라 기업의 마케팅, 홍보, 고객 서비스, 기업 이미지, 조직 관리 등 여러 비즈니스 분야에 얼마든지 적용할 수 있다.

하찮아 보이는 것이 전체를 결정하게 되는 것이다. 실패로 가는 길목에서 나 역시 무수히 많은 '하찮은' 틈이 보였을 것이다. 사소한 차이가 큰 결과를 만들어낸다는 것에 대해 인식하지 못했다. 그렇다면 이제는 반대로 하면 된다. 너무 하찮아서 잘 보이지 않는 말과 태도와 신념 등이 나를 바꿀 수 있다. 인생의 마지막 순간, 과연 하나님과 사람 앞에서 어떤 평가를 받을 것인가 생각한다면 오늘 하루를 허투루 살 수가 없다.

노동은 영감의 원천

누구나 한평생 행복하게 살기를 원한다. 세상에 태어나서 죽을 때까지 건강하고 행복하고 성공적인 삶…그것은 모든 사람들이 꿈꾸는 삶의 모습이다. 사람은 내가 좋아하는 일을 하면 최고로 행복한 상태에 이른다. 그렇다면 하기 싫은 일 혹은 증오하는 일을 하면 불행해지는 것일까?

옛말 중에 "자신이 즐기는 일을 하는 것이 행복한 것이 아니요, 자신이 지금 하는 일을 즐기는 것이 행복한 것이다"라는 말이 있다. 지금 하는 일을 즐기면 행복이 된다. 지금 이 순간의 행복은 바로 몰입에 있다. 내가 하는 일이 어떤 일이든지 몰입하면서 즐겁게 한다면 그것이 행복의 비결이다. 이것은 말이 아닌 경험을 통해서 알게 된 인생의 진리 중 하나다.

한과를 만들고, 한과를 팔고 정신없이 하루를 보내다 보면 그것으로 행복감이 밀려온다. 하루 일과를 끝내고 잠자리에 들 때까지 눈코 뜰 새 없이 바빴다. 바빴다는 것은 그 속에 푹 빠져들었다는 증거다. 소중한 몰입의 경험은 인생을 신명나게 한다.

누군가 나의 하루를 CCTV로 지켜본다면 "아니, 장 사장! 왜 그렇게 여유가 없어? 좀 쉬엄쉬엄하지 그래? 스트레스 받으면 어떻게 해?"라고 할지 모른다. 그렇지만 인간의 뇌는 반복적으로 하는 일에 대해 최적화된 상태가 되며 무의식적인 습관으로 자리 잡으면서 대상에 쉽게 빠져든다. 어떤 일이든 '물아일체'의 상태가 될 수 있다. 그것이 청소든 요리든 막노동이든 글 쓰는 것이든 상관없다. 금방 내가 하는 일에 빠져들어 신이 나는 상태가 되면 처음엔 하기 싫었던 일도 즐기면서 하게 된다.

매일 한과를 만들고, 장사를 하면서 사람들과 재미나게 소통하고, 주머니에는 두둑하게 돈이 쌓이고. 이런 일을 반복하는 이유가 뭐냐고 묻는다면 지금은 단 한 가지다.

강원도 강릉시 왕산면에 위치한 해발 1,100m의 전국 최대 규모의 고랭지 채소 단지인 '안반데기'는 대한민국에서 가장 청정한 곳이다. 은하수를 볼 수 있는 '별 보는 성지'로 젊은이들에게 핫한 곳이 되었다. 사실 안반데기는 1965년 이후 화전민들이 산비탈을 개간하여 일궈낸 땅으로 현재 20여 가구의 농가가 거주하고 있는 곳이다. 바람이 많이 불어 풍력발전기가 설치되어 있고, 겨울이 되면 눈이 쌓인 산이 알프스 같다. 코로나 이후 청정한 자연에 대한 열망이 높아지면서 안반데기를 찾는 사람들이 늘었다. 차박 캠핑을 하거나 사진출사를 하는 곳으로도 유명해진 곳이다. 안반데기를 여러 번 다니면서 머릿속에 그림을 그렸다. '바로 이곳에 가장 작고, 가장 아름다운 교회를 지어야지…'

결혼을 하고 아이를 낳는 것이 힘들어진 청년 세대들을 위해 아름다운 일을 하고 싶다. 안반데기에서 무료로 소규모 웨딩을 할 수 있는 작은 교회를 짓는 것이다. 누구도 생각하지 못한 일을 꿈꾸는 것만으로도 행복하다. 매일 한과를 만들면서 머릿속에는 '안반데기에 작은 교회를 짓는 일'을 꿈꾼다. 그리고 고랭지 배추 농사만 짓는 이곳에 수국을 심으면 정말 아름다울 것 같다. 수국이 만발한 안반데기는 엄청난 핫플레이스가 될 것이다. 머릿속에 이미 그림이 그려져 있다.

안반데기는 오래전 화전민들의 고난과 땀으로 이뤄진 척박한 땅이었다. 하지만 지금은 코로나 시대에 사람들의 마음을 움직이는 은하수를 볼 수 있는 성지가 되었다. 해발 1,100미터 고지에서 밤하늘의 별을 보며, 아름다운 미래를 함께 꿈꾸는 사랑하는 사람과의 결혼 서약식. 누구라도 꿈꾸는 단 한 번의 결혼식이 될 수 있지 않을까 싶다. 이 모든 일을 무료로 하고 싶다. "예수 믿으세요"라고 일부러 전도하지 않아도 된다. 은하수가 펼쳐진 안반데기의 교회에서 깊은 감동을 받으며 성스러운 사랑을 약속하는 시간은 바로 하나님이 임재하는 시간이 될 것이다.

청년들을 위해 무료로 결혼식을 할 수 있는 작은 교회를 짓고, 그 옆에서 여전히 한과를 만들면서 사람들에게 나누고 싶다.

이런 생각은 나를 기분 좋게 하고 편안하고 행복하게 만들어준다. 뇌에서는 세로토닌과 엔도르핀이라는 호르몬이 분비되면서 건강해진다. 잡념이 없어지고, 두려움이 사라지고, 후회나 자책도 없다. 나의 모든 에너지를 지금 이 순간 모두 쏟아 붓게 된다. 마음은 고요하고, 평화로우면서 몸은 힘이 넘친다. 영감과 창조력이 샘솟으면서 놀라운 일이 벌어진다.

바로 이런 생각은 한과를 만들면서, 때로는 걸레질을 하면서 떠올린 것들이다. 지금 하는 일을 즐기면서 할 때, 누구나 행복해진다는 옛 선인들의 말을 이제 조금씩 알 것 같다.

전화번호도 홈페이지도 없는 매장

출근하면서부터 퇴근할 때까지 마스크를 쓴다. 이제는 마스크가 일상이 되었다. 사람들을 마주하는 한 잠시도 마스크를 벗을 수 없다. 2020년부터 시작된 코로나는 일상에 스며들어 삶의 방식까지 바꾸어 놓고 있다. 마스크를 쓰지 않았던 시절이 기억나지 않을 정도다. 심곡항에서 예닮곳간을 열었을 당시엔 누구나 쉽게 맛보고 시식할 수 있도록 과자를 나눠드렸다. 너도 나도 시식을 하면 한 개 이상씩 꼭 구입했다. 맛을 보면 사게 되는 마법의 과자였다.

그런데….

코로나로 인해 모두가 마스크를 쓰고 있는 상태에서 시식을 건네는 것도 어려울 때가 있다. 먹어보라고 아무리 내밀어도 사람들이 쉽사리 손을 내밀지 않는다. 이미 마음이 닫혀 있기 때문이다. 코로나가 원망스럽고 미워진다. 매출이 줄고 손님이 줄었다. 그럼에도 365일 하루도 쉬지 않고 매장 문을 열었다. 어려움은 있지만 꾸준히 장사를 이어나가야 한다는 마음이다.

한과와 오란다 과자를 매장에서 직접 만들어 현장

에서 판매하는 것을 원칙으로 했기에 홈페이지도 만들지 않았다. 심지어 가게 전화도 없다. 홈페이지나 전화 주문이 생기면 직원이 더 필요하고 일손이 달린다. 처음에는 시장에 찾아오는 사람들에게만 판매해도 충분한데 뭐하러 택배까지 해야 하나 생각했다. 남들이 보면 배부른 소리일지 모른다. 내 한 몸으로 충분히 먹고 쓸 만큼 버는 것, 그 이상의 욕심은 없다.

그런데 웬일일까. 갑자기 "택배로 보내주시면 안 돼요?"라는 문의가 넘치기 시작하면서 명함을 놓았다. 예닮곳간 한과는 멋진 포장재를 사용하지 않는다. 과대포장 없이 과자를 듬뿍 담아 드릴 뿐이다.

'아니, 여기는 광고도 안 하나?'라고 할 수 있다. 거짓말이 아니라 광고할 새도 없이 만들어 파느라 바빴다. 매일 재고 하나 없이 그날 판매량을 다 팔아버리기 때문이다. 아직까지는 매장을 늘리고, 직원을 더 써서 규모를 크게 하는 것은 의미가 없다. 현재 규모에서 알차게 결과를 만드는 것이 낫다. 이변이 없는 한 앞으로도 그럴 것이다.

석탄과 다이아몬드는 모두 '탄소'라는 원소로 이뤄져 있다. 석탄이 더 높은 압력을 견디면 다이아몬드가 된다. 검댕이처럼 보이는 석탄도 다이아몬드의 잠재력을 가지고 있다. 예닮곳간이 석탄처럼 보일지라도 다이아몬드가 될 수 있는 시간을 거치고 있다고 생각한다.

이제는 전국에서 강릉을 찾은 관광객들의 발길이 끊이지 않는 중앙시장의 명소가 되면서 한과 택배 주문을 시작하게 되었다. 택배 주문은 모두 핸드폰 문자로만 이루어진다. 인터넷 결제 시스템도 없어서 문자로 계좌번호를 알려드리는 아날로그 방식이다. 가끔 잊어버리고 송금된 내역 확인도 없이 택배를 보낸 적이 많다. 그럴 때면 "아니, 송금도 안 했는데 물건부터 보내주시면 어떡해요?"라고 항의(?) 전화를 받기도 한다. 밑지는 장사 아니냐고 할 수 있겠지만 이것이 모두 남는 장사다.

택배 업무를 하면 더 바쁘다. 한과를 만들어 현장에서 판매하는 것이 훨씬 낫다. 택배를 하게 되면 택배비도 더 들고, 박스값이나 포장비도 든다. 인건비도 늘어나는 게 사실이다. 그렇지만 예닮곳간 한과를 사랑해주시는 고객들이 늘어가기에 마냥 택배를 하지 않는 것도 미안하다. 가까이에서 사먹을 수 없는 분들을 위한 서비스라고 생각하면서 택배를 늘려야겠다.

이제는 문어발식으로 사업을 확장하거나 내 역량이 안 되는 일까지 모두 하려고 하지 않는다. 나이가 들어 보니 인생은 정말 짧다. 일할 시기가 있고, 돈을 벌 시기가 있다.

'죽을 때까지 한과에 힘을 쏟으며, 명인이 되어 명예롭게 살겠다.'

이러한 꿈은 꾸지 않는다. 나의 한계를 알고, 때를 아는 것도 중요하다. 현재는 아들이 함께 일을 돕고 있다. 다행히 일하는 것을 즐기고, 성실한 성격으로 차분하게 장사를 배워나가고 있다. 가치 있는 일이 따로 있는 것이 아니다. 지금 하고 있는 일을 가치 있게 여기면 바로 그 일이 천직이 되는 것이다.

연습도 없이
시작된 일들

　인생에서 중요한 결정은 연습할 기회도 없이 찾아온다. 지금의 내 삶 역시 연습이 아닌 실전이다. 매일매일 새로운 무대에 서는 배우처럼 말이다. 한 번밖에 없는 삶이기 때문에 실수하는 것은 당연하다. 해결책이 없고, 해답도 없는 문제가 인생이다.

　사업이 어려워지면서 낙심할 때 나에게 신학 공부를 권유하신 분이 계신다. 바로 임상원 목사님이다. 사람이 힘들어지면 친구도 가족도 떠나기 쉽다. 어려울 때 함께하는 사람이 진짜 친구라고 하는데, 막상 힘들 때 곁에 있는 사람이 없었다. 그때 한결

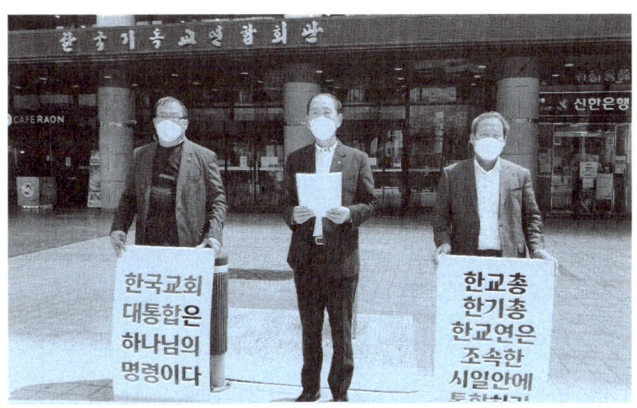

같이 기도하며 힘을 주셨던 분, 임상원 목사님은 나를 목회자의 길로 인도하셨다. 신앙적으로도 도움을 주셨을 뿐 아니라 신학 공부를 하면서 마음을 다스리라고 하셨다.

어릴 때부터 교회를 열심히 다녔는데 힘들 때마다 도움의 손길을 내민 곳 역시 교회였다. 고등학교 때 도움을 주셨던 조은자 선생님은 어느 날 나에게 "우리 집에 가자" 하셔서 따라갔다. 알고 보니 선생님의 아버지가 목사님이었다. "교회 옆 사택이 우리 집이니까 여기서 공부하면서 너 살아라." 그렇게 애

기해주실 정도였다. 물론 선생님 집에서 살지는 않았다. 기도해주시며 항상 선한 길로 인도해주셨던 분으로 기억한다.

선생님 혹은 목사님 말씀은 거역하지 않고 꼭 듣는 편이다. 어른들의 인생 경험과 연륜 그리고 조언은 하나도 틀린 것이 없다고 믿었다. 당연히 임상원 목사님께서 신학을 공부하라고 권유하신 데는 충분한 이유가 있을 것이라고 생각했다. 차근차근 공부해나가면서 나의 신앙도 점검하게 되었다. 또한 이 땅에서 어떤 삶을 살아야 하는가에 대한 명확한 비전도 세울 수 있었다.

'나는 사람을 이롭게 하는 일이라면 뭐든지 하겠다'는 마음을 먹게 되었다. 사람을 이롭게 하는 것에는 많은 것이 포함된다.

사업과 함께 신학 공부도 병행하면서 살았다. 그리고 목사 안수를 받게 되면서 오산에서 작은 교회를 개척하여 담임목사 사역을 하기도 했다. 이 모든 일은 완벽한 계획 속에서 이뤄진 것이 아니다. 베토벤은 청각을 잃고도 놀랍도록 훌륭한 교향곡 9번을 작곡해냈다. 그렇지만 종종 집 열쇠를 어디에 두었는지 잊어버릴 정도로 어느 한쪽에서는 능력이 떨어지는 사람이었다.

모든 사람들은 엄청난 잠재력과 가능성의 존재다. 그러나 어느 한쪽 면에서는 실패투성이의 존재일 수 있다. 지금까지의 경험으로 배운 것은 행동하지 않는 것에서 오는 손실이 불확실성의 리스크보다 더 클 수 있다는 것이다. 고민하는 시간에 그냥 선택하고 해버리는 것이 중요하다. 만약 그때 '내가 목사 될 것도 아닌데, 신학 공부는 해서 무엇해?'라고 속으로 판단하고 단념했더라면 다른 기회는 찾아오지 않았을 것이다.

어린 나무들은 바람이 조금만 불어도 밑동이 휘청거리면서 쓰러지거나 뽑힐 수 있다. 그러나 큰 나무들은 바람이 웬만큼 불어도 초연하게 서 있다. 인생도 마찬가지다. 어떤 경험도 헛된 것이 없다. 사업의 경험은 목회에 큰 도움이 되었다. 뒤늦게 신학을 공부하면서 풍부한 경험과 지식으로 학문의 체계를 단단히 하게 되었다. 사람을 다루는 기술이나 관계를 넓혀나가는 법도 능숙해졌다.

누군가가 힘들어하는 이가 있다면 공부를 권유한다. 그리고 신학은 꼭 기독교 신앙을 가진 사람이 아니더라도 공부할 만한 가치가 있다. 목사가 되기 위해서만 신학을 공부하는 것이 아니다. 학문간 융합을 위해서 진리를 찾는 하나의 방법으로 혹은 자아를 찾아가는 하나의 방법으로써 신학은 유용하다.

한과 사업도 계획이나 연습 없이 갑작스럽게 시작된 일이었다. 발효식품 연구소와 공장을 차리고, 건강을 잃은 사람들을 위한 강연을 하며 전국으로 다녔다. 사람에게 이로운 것을 하기 위해 시작한 일인데 정말 힘들고 돈은 못 벌었다. 바로 민족생활의학의 전도사였던 해관 장두석 선생을 만나면서 진

김장환 목사님과 함께

짜 자연 치유의 힘을 경험했기 때문에 시작한 일이었다.

단식을 하고, 발효식품인 된장과 고추장을 먹고, 해독작용을 하는 소금을 먹고, 항생제와 농약으로 범벅이 된 먹거리를 멀리하게 되었다. 그리고 진짜 환자들과 굶으면서 단식하며 아픈 사람의 곁에서 공감하는 것이 천명을 누리는 것임을 알게 되었다. 자연과 가까워질수록 병은 멀어지고, 자연과 멀어질수록 병은 가까워진다.

한과를 시작한 것도 환자들의 마음을 읽었기 때문이다. 좋은 먹거리가 부족한 암 환자들에게 해가 되지 않는 먹거리를 만들고 싶었다. 발아현미와 조청, 발효진액을 더한 비법으로 만든 발아현미한과는 그렇게 해서 만들어진 것이다.

20년 전 동해시에서 발효식품 공장을 하게 되면서 강릉은 동네처럼 익숙했다. 다시금 강릉에서 교회를 짓기 위해 이곳저곳을 돌아다니다가 심곡항까지 찾아갔다. 교회를 시작할 자리까지 보고 계약을 했지만 두 시간 만에 계약이 취소되기도 했다. 낙심이 컸던 날이다.

바닷가 앞 펜션에서 하룻밤 자고 바다를 바라보는데 이상하게도 기분이 좋았다. 그때 눈길을 끈 '임대'라는 두 글자가 적힌 건물! 바로 전화를 걸어 그날로 계약을 했다. 완공도 안 된 건물이었는데 서둘러 사업자등록증을 발급받고, 보건소에 가서 허가도 받았다. 일주일 만에 사업할 준비를 모두 끝냈

연세대 언더우드관 기념관 재개관식 사진(한복 입은 이가 저자)

다. 건물을 얻자마자 가스 배관만 연결하고 작업대와 자재는 중고상에서 샀다. 간판도 없이 현수막만 걸고 장사를 시작했다.

첫 날부터 150만 원, 다음 날은 200만 원, 그다음 날은 250만 원…4일 동안의 매출이 1000만 원이 되었다. '이거 대박나겠구나'라고 예감했다.

삶에서 배운 것은 예행연습이 아닌 실전이다. 구

체적으로 계획하고, 오랫동안 구상한 일은 아니었지만 머릿속에서 '된다'고 생각한 일은 빨리 실행했다. 고민을 하면 시기를 놓치게 되고, 점점 마음은 멀어진다. 시간이 지나면 '어차피 안 될 일이었어'라고 체념할 수도 있다.

장두석 선생은 "탁 털어부러야 써! 가슴 풀어헤치고 떨쳐내! 망설임을 떨치면 새 인생이 열려!"라고 말씀하셨다. 몸을 쓰면 강한 정신력이 나오고, 고통 속에서 길을 찾게 된다. 한과 사업은 연습도 없이 시작한 인생 최고의 선택이라고 감히 말하고 싶다.

망하지 않는
사업 153가맹점의 꿈

 소자본 창업에 뛰어드는 사람들이 많다. 이제는 동네마다 자리 잡은 카페나 치킨집도 1억은 있어야 창업이 가능할 정도다. 예전처럼 만만한 장사가 없다. 대기업이 문어발처럼 거의 대부분의 상권에 침투하면서 서민들이 할 수 있는 사업이 점차 줄어들고 있다. 배달이나 택배가 발달하고 물류비와 운송비가 늘어나면서 실제로 이윤이 별로 남지 않는다. 앞으로도 먹고 살기 힘든 세상이다.

 한과 사업은 확신하건데, '망하지 않는 블루오션'의 사업이라고 생각한다. 원가가 저렴하고 내가 관리

할 수 있는 1인 창업이 가능한 아이템이기 때문이다. 나 혼자서도 충분히 배워서 일할 수 있으며, 자신이 원하는 만큼 하루의 매출을 만들어 갈 수 있다.

과일이나 야채, 생선은 신선도가 생명이기 때문에 재고관리가 어렵다. 냉동과 냉장 등 보관시스템도 필요하다. 빵이나 커피는 인기 있는 아이템이라고 하지만, 요즘에는 대형화, 프랜차이즈화 추세로 인해 소규모 창업은 위험하다. 옷이나 신발은 유행이 끊이지 않고, 사이즈 때문에 재고가 쌓인다. 인터넷으로 유통하는 경우 마케팅과 홍보 비용도 상당하다. '무점포, 무재고 창업으로 연평균 1억 안정적인 고소득' 같은 일은 세상에 하나도 없다.

업종, 위치, 규모, 자본 등을 고려해야 하며 남들이 잘 된다는 얘기만 듣고 무턱대고 시작하지 말아야 한다. 취업을 위해서도 1년 이상 준비하는 게 상식인데 창업은 돈만 있으면 호기롭게 덤벼드는 경우가 많다. 보통 창업을 하려면 희망 업종 아르바이트 3개월, 상권분석 3개월, 유명 매장 방문 및 사례 공부 6개월, 창업 사례 면담 2개월 등의 시간이 소요된다고 본다. 시행착오를 줄이기 위해서는 창업에 능통한 사람들의 조언을 받으면 도움이 된다.

한과 사업의 메리트는 뭘까. 바로 재고를 1도 버릴 것이 없다는 점이다. 최악의 경우 망해도 본전이다. 한과를 만드는 재료는 금방 회전이 된다. 몇 달씩 쓸 재료를 쌓아놓지 않기 때문에 일주일이면 모두 소진이 된다. 냉장 보관할 것이 없이 실온 보관하는 재료이기 때문에 냉장고도 필요가 없다. 물을 끓이고, 기름에 볶고 튀기는 등의 과정이 없어서 간편하다. 접시나 집기류도 필요 없다. 서빙을 하는 알바생도 필요 없다. 처음에는 혼자서 만들고 판매까지 할 수 있을 정도다. 충분히 1인 창업이 가능한 아이템이다. 매일 백만 원대의 매출을 올리면서도 예닮곳간은 업소용 가스버너 2대로 모든 한과와 오란다를 만들고 있다. 심지어 인테리어나 간판도 필요 없다. 처음에 예닮곳간 현수막만 걸어놓고 판매를 시작했지만 맛을 보고 사람들이 줄을 서서 사 갔다.

광고비는 사람들에게 시식용으로 나눠주는 것으로 대체했다. 온라인, 오프라인 광고는 하나도 하지 않는다. 한과를 먹어 본 사람들이 자발적으로 작성한 SNS 리뷰뿐이다. 한과 사업을 좀 더 많은 사람들에게 알릴 수 있다. 60세 이상의 은퇴자들이나 청년들이 적격이다. 예닮곳간은 상생을 지향한다. 프랜차이즈로 가맹비를 받지 않으며, 최소의 비용만으로 노하우를 전수할 뿐이다.

수많은 사업을 시작했다가 성공과 실패를 반복했던 경험을 되돌아볼 때 한과와 오란다 사업만큼 쉬운 일은 없다. 자부심을 갖고 열심히 일하고, 하루하루 성실히 장사해나간다면 충분히 보상이 따르는 소자본 창업 아이템이 될 수 있다.

앞으로 153가맹점을 만드는 것이 꿈이다.

요 21:11 "시몬 베드로가 올라가서 그물을 육지에 끌어 올리니 가득히 찬 큰 물고기가 백쉰세 마리라 이같이 많으나 그물이 찢어지지 아니하였더라."

가맹점 153에서 153은 성경에서 베드로가 낚은 물고기 153마리를 상징하는 숫자다. 어렵고 힘든 사람들에게 다시금 물고기를 낚을 수 있는 기회를 주면 좋겠다. 베드로가 153마리의 물고기를 낚으며 생명을 전하는 사도가 된 것처럼 말이다.

국민 볼펜으로 자리 잡은 모나미 153볼펜 역시 베드로가 낚아 올린 153마리의 물고기를 상징하는 상표이다. 1963년 5월 1일 세상에 태어난 모나미 153볼펜은 여전히 우리의 필통 속 한 공간을 차지하는 볼펜이다. 남녀노소, 성별이나 사회적 계층 구분이 없고, 모나미 153볼펜 앞에서는 누구나 평등하다.

예닮곳간이 이루고자 하는 153곳의 가맹점 역시 같은 꿈을 꾼다. 기름에 튀기지 않고, 설탕을 사용하지 않은 전통방식으로 만든 건강한 한과로 사람들을 이롭게 하는 꿈…그 꿈을 이루며 생명을 살리는 '곳간'이 되고자 한다.

어떤 공부도 쓰임이 있다

 만유인력과 미적분을 발명한 과학자 뉴턴(1642~1727)은 일상에서 한 가지 주제에 깊이 빠져들면 다른 일상적인 일에서 실수를 범할 때가 많았다. 어느 날 손님을 초대해놓고서는 연구실에 포도주를 가지러 갔다가 손님을 초대한 사실을 잊은 채 문제에 몰입했다고 한다. 문제를 푸는 것에 완전히 몰입해서 주변 사물이나 사람의 왕래까지도 인식하지 못한 경지에 들어간 것이다. 배가 고파서 계란을 삶으려고 할 때 시계를 계란으로 오인하고 삶은 적도 있었다. 물론 모든 사람이 항상 뉴턴처럼 살면 곤란할 것이다. 어떤 한 가지에 빠져들 때 스스로 어려운 문제도 해결하게 된다. 어떤 어려운 순간에도 답은 내 안에 있다.

지금까지 살아오면서 따 놓은 자격증이 13개나 된다. 물론 그 자격증으로 직업을 택한 적은 단 한 번도 없다. 공부하면서 몰입하는 그 순간이 재미있었다. 집중력을 발휘해서 뭔가를 이루는 것 자체가 행복이다. 건축기사, 건축도장기능사, 정보처리기능사, 전기기능사, 용접기능사, 금형기능사, 대형면허 1종, 바리스타자격증, 핸드드립자격증, 대형버스면허까지 갖고 있다. 왜 이렇게 자격증을 많이 따 놓았냐고 묻는다면 그저 재미있었기 때문이다. 한 분야를 알게 되면 다른 분야가 궁금해진다. 그렇게 공부를 시작해서 자격증까지 따 놓으면 어느 누가 물어봐도 평균 이상의 대답을 할 수 있다. 내가 그 일을 꼭 하지 않더라도, 사람을 쓸 때 도움이 된다. 사람을 보는 눈이 생긴다.

특별하게 머리가 똑똑하거나 잘나서가 아니다. 몰

입 상태에서 누구나 가능한 일이다. 살아생전에 수많은 업적을 이룬 선현들은 모두 몰입의 대가였다. 그 기술을 터득하면 천재가 아니더라도 자신이 하는 일에서 뛰어난 성과를 얻게 된다. 물론 운이 뒤따르면서 결과까지 좋은 것은 차후의 일이다.

어떤 공부든 세상에 쓸모없는 지식은 없다. 다만 자신의 경험과 지식을 연결 짓는 융합적 사고가 필요하다. 단편적인 지식만으로는 하나밖에 얻지 못한다. 자격증이 많다고 자랑하는 것은 결코 아니다. 자격증을 따기 위해 공부를 하는 방법을 스스로 터득하면서 빠른 시간 안에 지식의 구조를 체계화하는 법을 알았다. 고등학생 때에도 아르바이트를 하면서 백 점을 놓치지 않았던 것은 배움의 구조를 이해했기 때문이다. 더 어릴 때는 축구와 미술을 좋아했고, 중학생 때는 배구선수로 스카웃되기도 했다.

세상의 모든 지식은 연결되어 있다. 지금 같은 세상에서는 한 우물만 파서는 안 된다. 여러 개의 우물을 파다 보면 커다란 샘이 될 수 있다. 아이들 교육도 마찬가지다. 두 자녀를 키우면서 항상 때를 기다렸다. 자신이 원하는 길을 갈 수 있도록 조력자 역할을 할 뿐, 억지로 강요하지 않았다. 부모는 삶으로 보여줄 뿐이다. 실패할 수도 있고, 무너질 수도 있지만 중심은 흔들리지 않는다. 그리고 끊임없이 도전하고, 용기 있게 나아가는 삶을 보여주었다.

"대학 나와서 뭐할래?"
"그거 배워서 어디다가 써먹을래?"

꼭 써먹으려고 배우는 것은 아니다. 써먹지 않더라도 언젠가 다른 일을 할 때 도움이 된다. 자녀들에게 이런 질문 대신 무엇이든 시도하고 실패할 수 있는 기회를 제공해야 한다. '실패는 성공의 어머니'라는 말은 진부하게만 느껴지지만 언제나 진리다. 헛된 공부는 단 하나도 없다. 자신의 인생을 창조적으로 살아가기 위해서, 끊임없이 새로운 예술적 영감을 떠올리며 살기 위해서는 쓸모없는 일도 자꾸 시도해 보아야 한다.

앞으로 보일러나 배관공, 목공 일까지 배우고 싶다. 실제로 해외에서는 배관공이 고소득 직종이다. 캐나다에서는 연봉 순위 10위 안에 드는 직업이라고 한다. 한 번 출장비가 150불에서 200불이 된다. 실제로 새벽에 긴급 호출을 받아 3배의 페이를 받게 되면 약 700불까지 받는 배관공도 있다. 현재 우리나라는 배관공들이 열악한 환경에서 힘들게 노동을 하지만, 앞으로 노동시장의 변화로 인해 배관공들이 대우받는 사회가 될 것이다. 모든 사람들이 화이트 칼라 직업만 선택할 수 없는 노릇이다. 노동시장은 끊임없이 변화하고, 미래는 누구도 알 수 없다.

더 나이 들어서 깊은 산에 들어가 살게 될 때 쓰임이 될 만한 일을 배워두어야 할 것 같다. 시골에서는 보일러가 가장 문제라고 하니 말이다. 죽을 때까지 배우면서 살아가고 싶다. 새로운 것을 계속 알아가면서 한 차원 더 높은 나를 찾아가고 싶다.

선약을 소중하게 생각하고 잘 지키면 생활에 어그러짐이 없습니다.
저는 날마다 기도 위에 꿈을 짓습니다.

5장

나만의 길을 만들기

2018년 평창올림픽 성공을 기원하는 기도회

비법을
공개합니다

　예닮곳간에서 만드는 한과는 전통한과라기보다는 '현미과자'라고 이름 붙인 대중적인 모양이다. 대중적인 가격으로 많은 사람들이 쉽고 편하게 먹을 수 있도록 만들었지만 그렇다고 해서 아무 재료로 대충 만들지 않는다. 최고의 재료를 엄선하여 좀 더 건강한 먹거리를 만들려고 한다. 정확한 레시피는 아니지만 예닮곳간에서 만들고 있는 과자 레시피를 공유하고자 한다.

비법1 발아현미

● 한과의 주재료는 발아현미다. 3가지 종류의 쌀을 뻥튀기하여 사용한다. 단호박현미쌀, 일반현미쌀, 발아현미쌀 세 가지 종류를 섞어서 사용한다. 3가지를 사용하는 이유는 식감을 높이고, 영양성분을 좋게 하기 위함이다. 발아현미쌀은 일반쌀보다 4배나 더 비싸다. 한과의 색깔이 백색이 아니라 누렇게 보이는 이유는 발아현미쌀을 이용했기 때문이다.

발아현미는 왕겨를 벗겨낸 현미에 적절한 수분과 온도, 산소를 공급해 1~5mm 새싹을 틔운 쌀이다. 콩, 보리, 현미 등의 곡물이 발아를 하면 씨앗 상태와는 다른 영양소를 함유하게 되면서 살아 있는 쌀이 된다. 비타민, 아미노산, 효소 등 몸에 유용한 성분이 생긴다. 자연치유력을 높이고, 성인병을 예방하며 몸속 독소를 씻는 해독작용까지 한다. 씨눈의 영양이 그대로 보존되어 단백질, 식이섬유, 칼슘, 인, 철, 비타민 등의 영양성분이 백미보다 많이 함유되어 있다.

 구수한 누룽지맛의 발아현미로 만든 한과는 식감이 좋다. 바삭거리고 고소한 맛 때문에 질리지 않게 먹을 수 있다. 3가지 현미쌀을 준비한 다음에 중요한 것은 조청이다. 물엿이나 설탕을 전혀 사용하지 않는 전통방식의 쌀 조청을 사용한다. 거기다가 발효공장을 운영하면서 제조한 발효진액을 첨가한다. 적당한 양의 죽염도 넣는다. 천일염은 절대 사용하지 않는다. 1,000℃ 이상에서 구워낸 몸에 좋은 죽염만을 사용하기 때문에 우리 몸에 필요한 필수 미네랄도 보충할 수 있다.

 과즐(동그란 뻥튀기)을 끓인 조청에 담궜다가 바로 발아현미쌀을 붙이면 된다. 조청이 녹았다가 굳으면서 현미쌀이 붙는다. 조청이 접착제 역할을 하는 셈이다. 발아현미쌀로 만든 한과는 암 환자들도 먹을 수 있는 영양식이 된다. 다이어트 및 건강식으로도 좋은 발아현미쌀 한과는 남녀노소 모든 사람들이 먹어도 좋을 최고의 간식이다. 인스턴트 식품이나 첨가물 범벅의 과자와는 비교할 수 없을 정도의 건강한 먹거리다.

비법2 발효진액

● 두 번째 비법은 발효진액을 사용하는 것이다. 18가지 한약재로 만든 발효진액을 넣는다. 한방 식초를 매개로 한 발효액은 3년에서 10년 가까이 숙성된 것이다. 이 발효진액은 오란다와 한과에 모두 포함되는데 아마 다른 곳에서 절대 따라할 수 없는 고유의 맛과 성분을 갖게 되는 이유다.

발효진액은 우리 몸에 유익한 균을 발생시키면서 소화기능 및 면역력을 증대시킨다. 오란다의 경우 밀가루로 만든 알알이 과자를 사용하기 때문에 소화기능을 높이기 위해 발효진액을 좀 더 사용한다. 전체적인 성분으로 보자면 양이 많지 않다. 그럼에도 발효진액이 포함된 것과 그렇지 않은 것의 맛과 영양의 차이는 상당하다.

배합된 조청을 끓이고, 알알이 과자와 함께 잘 섞는다. 그리고 스테인리스 판에 과자를 부은 뒤 롤러로 눌러서 식히면 끝이다. 커팅 칼로 오란다를 적당하게 자른다. 오란다를 만드는 과자틀을 특별 제작했다. 정사각형 모양의 틀로 만든 것이 노하우다. 직사각형은 각도를 맞추어서 잘라야 하지만, 정사각형은 좀 더 자르기가 쉽다.

　예닮곳간의 오란다와 한과가 지닌 가장 큰 비법은 발효진액이 첨가된다는 것이다. 발효는 슬로우푸드의 기초다. 된장, 고추장, 간장, 김치 등 발효식품은 장수하는 먹거리다. 발효과정을 통해 우리 몸에 유익한 균이 많아진다. 면역력도 높아지면서 면역계 질환에 도움이 된다. 한과와 오란다에 약간씩 첨가되는 발효진액을 통해 먹는 사람들의 몸이 건강해지길 바라는 마음을 담았다. 타 업체와 비교되지 않는 명품 과자라고 자부할 수 있다.

비법3 죽염

● 예닮곳간의 한과와 오란다에는 비법이 하나 더 있다. 인체를 원활하게 유지할 수 있는 필수 미네랄이 56종 함유된 천혜의 보약인 소금이다. 생명이 있는 모든 것은 염분을 함유한다. 짠 바닷물이 생명의 근원이다. 전 세계에서 가장 좋은 소금은 서해안 갯벌에서 태양의 기운을 받은 천일염이다. 1,000℃에서 구운 죽염은 그 자체로 귀한 보석이다. 우리 조상들은 소금을 지혜롭게 활용했다. 대나무에 소금을 다져 넣고 소나무 장작불로 9번 구운 것을 죽염이라고 한다.

예전에 베트남이나 필리핀 등을 여행할 때면 과일을 소금에 찍어 먹는 모습을 많이 볼 수 있었다. 과일과 소금을 같이 먹으면 단맛이 더욱 높아지고, 필수 염분 섭취를 하게 된다. 과거에는 소금이 화폐와 같은 교환가치를 지닌 물건으로 여겨질 만큼 귀했다. 소금이 없으면 생존이 불가능하기 때문이다.

무조건 모든 소금이 좋다는 것이 아니다. 가공염보다는 천일염, 죽염 등 제대로 된 소금을 먹어야 한다. 소금이 우리 몸에 부족할 경우 소염작용이 되지 않아 염증에 시달리게 된다. 피가 탁해지고, 소화나 흡수 및 배설기능도 떨어진다. 세균에 약해진다. 고등어나 굴비 등을 소금 항아리에 저장한 것은 과학적인 원리다.

성경에서도 소금의 역할을 다양하게 이야기한다.

> 막 9:50 "소금은 좋은 것이로되 만일 소금이 그 맛을 잃으면 무엇으로 이를 짜게 하리요 너희 속에 소금을 두고 서로 화목하라 하시니라."
> 골 4:6 "너희 말을 항상 은혜 가운데서 소금으로 맛을 냄과 같이 하라 그리하면 각 사람에게 마땅히 대답할 것을 알리라."
> 욥 6:6 "싱거운 것이 소금 없이 먹히겠느냐 닭의 알 흰자위가 맛이 있겠느냐."

수천 년 전 성경을 기록할 당시에도 소금은 부패 방지의 기능뿐 아니라 짠맛이라는 것이 음식 맛의 기본이라고 여겼다. 문명의 역사는 소금의 역사였다. 사해는 죽음의 바다가 아닌 생명의 바다였다. 소금이 있었기 때문이다. 인간뿐 아니라 모든 동물들에게 소금은 필요하다. 야생염소가 절벽을 기어오르는 이유는 절벽에 붙은 소금을 핥기 위해서라고 한다. 소금이 모자라면 동물들의 이빨과 발톱이 약해진다고 한다.

이러한 소금을 한과에 사용한다. 정확히 말하면 죽염을 쓴다. 당나라의 단공로(段公路)의 저서 《부호록》에서는 "소금은 살과 뼈를 굳게 하고 독을 제거하며 눈을 밝힌다"라는 기록이 있다. 소금을 넣은 한과는 단맛을 증가시키고, 부족한 미네랄을 보충해 준다. 적절한 양의 죽염은 한과의 맛을 높인다. 자극적인 단짠(단맛과 짠맛의 합성)의 맛이 아니다. 정확히 느낄 수는 없지만 미묘한 죽염의 짠맛이 어느 순간 느껴질 때가 있다.

천일염을 사용한 죽염이 천연의 조미료 역할을 하면서 한과의 맛과 풍미가 더 좋아지는 것이다. 물론 사용하는 정확한 용량은 계량 불가다. 누구도 따라할 수 없는 맛의 비법을 함부로 공개해도 괜찮냐고 묻는다면? 좋은 소금의 효능을 사람들이 이해했으면 하는 바람으로 이곳에 적는다.

숨을
잘 쉬어야 한다

산다는 건 숨을 쉬는 일이다. 생명은 숨쉬기에서 비롯된다. 모든 생명체는 숨을 쉰다. 들이마시고 내쉰다. 호흡은 태어나서 죽을 때까지 멈추지 않는다. 호흡이 이뤄지면 살고 호흡이 멈추면 죽는다. 호흡 자체가 생명인 셈이다. 잠을 잔다고 호흡이 멈추는가? 그렇지 않다. 잠을 잘 때 숨을 못 쉬게 되면 무호흡으로 심장마비가 되어 돌연사할 수 있다. 호흡은 언제 어디서나 몰입을 할 수 있게 만든다. 숨을 잘 쉬는 것만으로도 집중력이 좋아지고, 대상에 몰입이 된다. 잡념이 사라지고 자신이 하고자 하는 일만 생각하게 된다.

호흡 자체에 몰입하게 되면 마음을 효과적으로 다스리게 된다. 숨이 내 몸에 들어오는 과정을 빈틈없이 관찰해보자. 오직 한 가지만 생각하는 것이다. 마음이 불안정하면 호흡이 거칠어진다. 반대로 호흡이 고요하면 마음도 고요해진다. 긴장될 때나 스트레스를 받을 때는 반드시 심호흡을 해서 마음을 편안하게 다스려야 한다. 외부 상황을 통제하기 힘들 때라도 호흡을 다스리면서 내 숨을 먼저 통제할 수 있다.

숨을 잘 쉬면 에너지가 충전된다. 우리 몸에 신선한 에너지를 제공해 준다. 그리고 독소를 배출하고, 나쁜 기운을 내보낸다. 호흡에 몰입하게 되면 몸이 정화되고 청정해지며 활력이 넘친다. 아무리 머릿속으로 "집중! 집중!"이라고 외쳐도 온몸이 긴장으로 뭉쳐 있으면 힘이 든다. 지치지 않고 에너지가 강해지는 비결은 호흡이다. 들이쉬고 내쉬는 호흡은 마음을 고요하게 하고 집중력을 높이는 비법이다. 누구나 할 수 있는 쉬운 방법이며, 자기 안의 답을 찾아나가는 과정이다.

해관 장두석 선생은 "지금 여기에 있는 나를 깨닫는 삶의 여행을 하라. 병든 상태는 가짜인 나를 없애지 못하는 상태이다. 내 몸이나 마음이 어느 한 가지 상황에 매이는 것이 병이다. 탐욕, 질투, 망상, 두려움, 공포, 분노, 증오 등 괴로운 마음이 병이 된다. 조용히 침묵하고 분주한 마음을 한 곳으로 향하게 하면 자신의 마음을 조절할 수 있다. 같은 원리로 몸의 침묵이 '단식'이다. 몸속에 집어넣기만 했던 습관을 버리는 과정이다. 단식은 진정한 나를 찾아나서는 용기 있는 선택의 방법이다"라고 했다.

《민족생활의학》 중, 장두석 지음, 아카데미아

대상에 몰입하고, 나 자신에 몰입할 때 매 순간 새로운 관점이 열린다. 나라는 사람에 대한 새로운 감각이 생겨나고 오감이 열린다. 행복, 창조성, 영감이 깨어나고 알 수 없는 보물을 발견하게 된다.

호흡에 몰입하는 방법은 매우 간단하다. 고요한 곳에서 눈을 감고 단정히 앉아 편안한 자세를 취한다. 코로 숨을 쉬고, 코로 내뱉는 것. 눈을 감아도 좋고 떠도 좋다. 편안하게 들이쉬고 내쉬는 호흡에 집중한다. 들이쉴 때는 '맑은 기운'이 들어온다고 생각하고 내쉴 때는 '탁한 기운'이 나간다고 생각한다. 들이쉴 때 청정한 기운이 내 몸을 가득 채우고, 내쉴 때는 혼탁한 독소가 빠져나가는 것처럼 느끼게 된다. 호흡이 물 흐르듯이 자연스럽게 들어가고 나가는 것을 반복하면서 미세하게 변화하는 자신의 몸을 바라본다. 몸과 마음을 경영하는 비법이 여기에 있다.

5분 몰입과 호흡은 매 순간 나를 충전하는 비법 중 하나다. 얼마나 간단하고 돈이 안 드는 방법인가. 집중력을 키우고, 몰입을 하는 에너지를 높이며, 창조적인 영감을 일깨우는 가장 쉽고 편한 방법인 숨쉬기. 숨을 잘 쉬는 것만으로 더 크고 놀라운 일을 하게 될 것이다.

책 속에는
답이 없다

 평생 공부한 책을 쌓는다면 아마 빌딩 몇 채 높이만큼 되었을 것 같다. 과연 책 속에서 인생의 해답을 찾을 수 있을까. 그동안 내가 책 속에서 찾은 답을 한마디로 정리하면 이렇다.

 "책 속에는 답이 없다."

 바보같이 들릴지도 모르겠다. 그동안 나를 거쳐 갔던 수많은 '좋은 책'들이 전하는 메시지는 딱 하나다. '네가 찾는 대답은 다른 그 어디도 아닌 바로 네 안에 있다'는 사실이다. 그러니 책 속에서 답을 찾는 것은 어리석다. 그럼에도 책을 읽는 이유는 바로 '답이 없는 인생.' 결국 나 자신의 삶을 살아야 한다는 메시지를 발견하기 위함이 아닐까.

하지만 훌륭한 건강 서적이 건강을 만들어 줄 수 없고, 훌륭한 재테크 책이 돈을 가져다주지 않는다. 실용적인 책이라 하더라도 직접 실행하며 실패와 성공을 터득해보지 않는 이상 알 수 없다. 직접 여행을 떠나지 않으면서 수많은 여행 팁을 책에서만 읽고 습득한다면 무슨 소용이 있겠는가.

자연에서는 태풍을 청소부라고 한다. 나무는 가지치기를 해줘야 잘 자라는데, 태풍이 한번 지나가면 잔가지가 다 꺾여나가기 때문에 자연적인 가지치기가 된다. 남은 가지들은 더 튼튼하게 자랄 수 있다. 육십 평생을 살면서 내면의 태풍뿐 아니라 외적인 천재지변을 많이 겪었다. 사업의 실패로 일시적이긴 하지만 인생은 뒤죽박죽 정신없는 혼동의 상태가 되고, 온몸은 힘이 쭉 빠지면서 무기력해진 순간도 있다. 하지만 태풍이 지나간 이후 완전히 새롭게 리셋이 된 상황에서 오히려 맑고 고요해질 때가 있다. 구체적으로 표현하기는 힘들지만 세상을 바라보는 나의 시선이 달라졌다고나 할까.

흔들림과 깨어짐 없이 자기만의 철학, 자기만의 길이 생기지 않는다. 갈등을 겪고 생각하고 새로운 길을 모색하고, 행동해나갈 때 굳은 고목으로 자리 잡게 된다. 평생 월급 받고, 노후연금 받으면서 평온하게 사는 삶을 누구나 기대할지 모른다. 안전한 곳에서 웅크리는 것이 생존의 가장 좋은 방법인 것처럼…. 그렇지만 진짜 강인한 사람이 되어 자기 세계를 이루어나가기 위해서는 '무(無)의 세상'으로 나아가야 한다. 태풍이 휩쓸고 간 다음에 남겨진 보잘것없는 재료로도 무언가를 창조할 수 있는 사람이 되어야 한다.

사실 모든 사람들이 준비가 안 된 상태에서 사업을 시작한다고 해서 성공하지 않는다. 크고 작은 성공을 맛본 다음 튼튼한 기반을 쌓아나갈 수 있지만, 지금의 대한민국은 실패 이후의 타격이 너무도 크다. 한 번 실패해버리면 재기할 기회조차 주지 않는 잔인한 자본주의 정글의 세계다. 그렇기 때문에 안전한 곳이라고 여겨지는 공직으로 일자리가 몰리며 철밥통으로 불리는 공무원 시험에만 매달린다. 주어진 일에 순응하면서 사는 것이 체질에 맞는 사람도 있지만, 도전정신이 충만하고 모험을 좋아하는 사람들이 평생 공무원을 하는 것은 불행한 일이다. 안정지향적인 사고를 지닌 사람들이 많은 사회에서는 창조적인 발전도 이룰 수 없다.

한과 사업에서 나름대로 성공을 맛본 다음에 꼭 하고 싶은 일은 어려운 이웃을 돕는 것이다. 내가 벌어서 나누는 것도 돕는 일이겠지만 힘들게 살아가는 은퇴자들, 일자리가 없는 청년들, 미자립교회 등 세상에 자기만의 수단이 없는 사람들에게 '한과'라는 수단을 쥐어주고 싶다.

열심히 제대로 만들어서 팔고, 정직한 소득을 얻

고, 개인의 삶도 풍요로워지면서 여유 있는 세계관을 갖게 되는 선순환 구조를 만들도록 돕고 싶다. 나만 잘 먹고 잘 살기 위해서 선택한 일이 아니라는 것을 알아주었으면 좋겠다. 가맹점을 늘리고, 사업 노하우를 전수하려고 하는 이유이기도 하다.

책 속의 문장에는 답이 없다. 뚜벅뚜벅 세상으로 걸어 나와야 한다. 사업을 하겠다는 용기 있는 사람들이 늘어갈 때 대한민국의 발전도 덩달아 이뤄진다. 내가 잘 되고, 네가 잘 되고, 함께 잘 되는 것이다.

에
필
로
그

바른 먹거리 현미한과로
진정한 나눔을

우리의 몸은 먹은 대로 이뤄진다. 나쁜 인공첨가물이 들어 있는 화학적인 음식을 많이 먹으면 건강이 안 좋아질 수밖에 없다. 음식으로 못 고치는 병은 없다고 할 정도로 먹거리가 중요하다. 나는 20년 넘도록 자연식품을 연구해왔다. 그렇다고 자연식품만 고집하며 줄곧 외길만 걸어온 건 아니다. 국제자연치유협회 위원장이면서 대학에서 건강 힐링을 강의하며, 십수 년간 목회활동을 하고 있다. 그 이전에는 전자 회사도 20년 가까이 경영했었다.

　오랫동안 발효식품에 매달리면서 발효식품 중 특히 천연발효 식초에 주목하여 제품을 만들어 많은 생명을 살렸다. 천연발효 식초는 인체의 신진대사를 높여주고, 자연 치유력을 높여주는 약효까지 있다. 피를 깨끗하게 정화하는 혈액정화제라고 불린다.

　사람들은 묻는다. "발효식품과 한과를 어떻게 접목한 것입니까?"
　일반적으로 전통 한과는 기름에 튀긴 후 물엿으

로 마무리하는 방식이다. 금방 딱딱해지기도 하고 설탕이나 기름을 첨가하기 때문에 시간이 지나면 몸에 좋지 않다. 현미한과는 100% 발아현미로 만들기에 원료가격이 4배나 더 비싸다. 그래도 소비자의 건강을 위해 가장 좋은 재료를 선택했다. 거기다가 직접 개발한 천연발효진액을 첨가하여 당뇨병, 고혈압 환자들도 먹을 수 있도록 만들었다.

몸이 아픈 사람들이 먹을 수 있는 맛있는 먹거리가 뭘까 고민하던 중 한과와 발효식품을 접목하게 된 것이다. 답은 항상 내 안에 있다. 다른 것을 모방하기보다는 내 안의 길을 찾고, 내가 걸어온 길에서 해답을 찾는다.

오랜 시간의 발효 노하우를 담은 한과라서 믿음직한 먹거리다. 바삭하고 고소한 현미를 사용한 한과는 아이부터 노인까지 모두 좋아하는 간식이다. 직접 개발한 제품은 '현미과자'와 '유자청/감태 오란다'이다. 요즘 젊은이들은 옛날 과자인 '오란다'에 열광한다.

오란다는 밀가루로 만든 과자알갱이와 물엿을 조합해서 만든 옛날 간식이다. 과거의 옛날 과자 오란다는 딱딱해서 먹기 힘들 정도였는데, 예닮곳간에서 판매하는 유자청 오란다는 부드럽고 말랑하다. 식감이 좋으면서도 담백하고 건강한 단맛이 은은하게 퍼진다. 방부제나 첨가물이 전혀 들어가지 않은 천연 간식이다.

한과와 옛날 과자는 어찌 보면 올드한 먹거리다. 하지만 레트로 감성을 가진 젊은이들이 좋아하는 맛이 되었다. 인스턴트 식품이 범람하는 시대에 바른 먹거리를 보급하기 위해 오랫동안 발효식품을 연구하면서 한과에 접목시켰다. 코로나로 인해 매출은 급감했지만 조금 먼 미래를 바라보며 일보후퇴한다는 마음으로 장사를 하고 있다. 다른 곳에서는 만들 수 없는 차별화된 제품이라는 자부심으로 말이다.

얼마 전 강릉에 또 하나의 명소를 만들고 싶다는 바람을 조그맣게 이루게 되었다. 사천면에 있는 한적한 바닷가, 소나무 숲이 우거진 곳에 작고 아담한

쉼터를 만들었다. 길가의 작은 교회, 꿈의 교회라는 이름을 짓고, 여력이 닿는 힘껏 공간을 꾸몄다.

기존에 있던 벤허카페에서 사용하는 돔 형태의 건물인데, 작가들이 멋지게 그림을 그렸다. 해뜨는 곳에서부터 해지는 곳까지 세상에 하나님의 빛이 비춘다는 의미를 담아낸 그림이다. 동그란 모습의 작은 건축물은 꼭 지구 같다. 바다와 땅과 하늘이 어우러진 한 폭의 그림은 그 자체로 아름다운 예술품이 되었다.

이곳은 입장료를 받지 않는다. 누구나 머물렀다가 쉬어갈 수 있는 곳이다. 기도를 하거나 조용히 쉴 수도 있다. 강릉이라는 여행지에서 다시 살아갈 힘을 얻을 수 있는 포근하고 아늑한 장소로 만들었다. 많은 사람들의 도움을 받았고, 기꺼이 동참해 준 사람들을 통해 아름다운 일을 널리 알리게 되었다.

 '꿈의 교회'라는 이름을 달았지만, 건축물로서의 교회는 아니다. 기독교를 전파하기 위한 전도의 목적을 담고 있지는 않다. 크고 거대한 건축물에서 많은 사람들을 모이게 하는 교회의 의미보다는 쉼과 안식의 목적을 갖고 있다.

그곳에 가면 안식을 취할 수 있는 장소 한 곳쯤 마음속에 품고 살면 어떨까. 하루쯤 쉬었다 갈 수 있는 마음의 고향 같은 곳 말이다. 돈으로 거래되는 계약관계가 아니라, 환대의 마음으로 누구든 허락할 수 있는 곳을 만들고 싶었다. 때로는 강릉이 선물 같은 여행지가 되었으면 하는 마음으로.

조만간 예닮곳간의 '강릉 오란다'를 이곳에서 시식하며 누구나 맛볼 수 있도록 할 예정이다. 강릉의 바닷가에서 강릉 오란다를 맛보며 삶을 새롭게 바라볼 수 있는 시간을 갖는 것! 꿈은 거창한 것이 아니다. 자신이 발을 딛고 있는 그곳에서부터 시작된다.

"너희는 세상의 소금이다. 만일 소금이 그 맛을 잃으면 무엇으로 짠 맛을 내겠느냐. 맛을 잃은 소금은 아무 쓸모가 없게 되어 밖에 버려져 사람들에게 밟힐 뿐이다. 너희는 세상의 빛이다. 산 위에 있는 도시는 숨겨질 수 없다. 등불을 됫박 안에 두지 않고 등잔대 위에 놓는다. 그래야 등불이 그 집에 있는 모든 사람에게 빛을 비추게 될 것이다. 이와 같이 너희 빛을 사람들에게 비추라. 그래서 사람들이 너희의 선한 행동을 보고 하늘에 계신 너희 아버지께 영광을 돌리게 하여라."

(마태복음 5장 13~16절까지의 말씀 중)

바로 한과를 만들어서 파는 일이 '빛과 소금' 그

자체라고 믿는다. 이것은 사람들의 생명을 살리고, 가치를 전달하는 일이다. '바른 먹거리로 수많은 사람들을 이롭게 만든다.' 죽을 때까지 해야 할 사명이라고 생각한다. 사람들을 이롭게 하는 일, 바로 그것이 나눔이다.

강릉 오란다

1판 1쇄 인쇄 _ 2021년 11월 15일
1판 1쇄 발행 _ 2021년 11월 20일

지은이 _ 장성철
펴낸이 _ 이형규
펴낸곳 _ 쿰란출판사

주소 _ 서울특별시 종로구 이화장길 6
편집부 _ 745-1007, 745-1301~2, 747-1212, 743-1300
영업부 _ 747-1004, FAX 745-8490
본사평생전화번호 _ 0502-756-1004
홈페이지 _ http://www.qumran.co.kr
E-mail _ qrbooks@daum.net / qrbooks@gmail.com
한글인터넷주소 _ 쿰란, 쿰란출판사
페이스북 _ www.facebook.com/qumranpeople
인스타그램 _ www.instagram.com/qrbooks
등록 _ 제1-670호(1988.2.27)
책임교열 _ 김소라·오완

ⓒ 장성철 2021 ISBN 979-11-6143-634-0 03230

책값은 뒤표지에 있습니다.
이 출판물은 저작권법에 의해 보호를 받는 저작물이므로 무단 복제할 수 없습니다.
파본(破本)은 구입처에서 교환해 드립니다.